ANIMALE GONFIA

ADULTO COLORAZIONE LIBRO
ANIMALI EDIZIONE

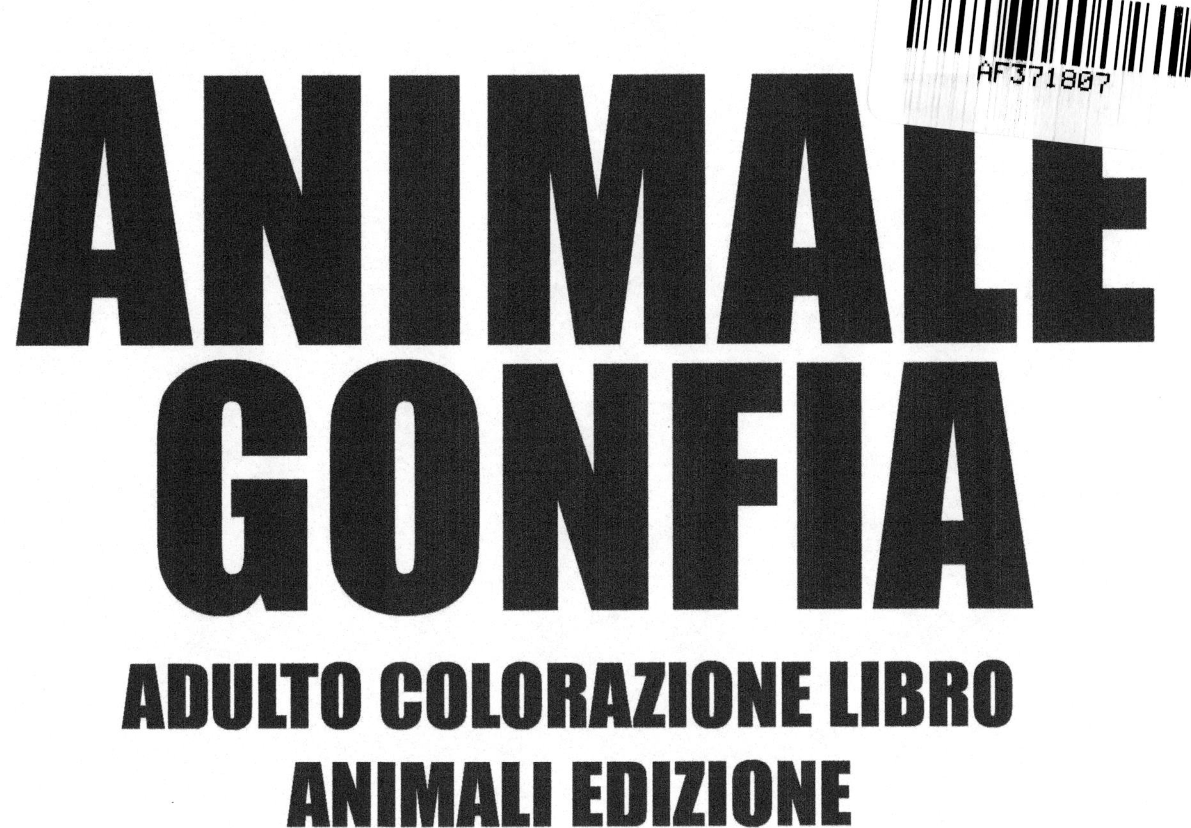

Coloring Bandit

Pubblicato da Speedy Publishing Canada Limited

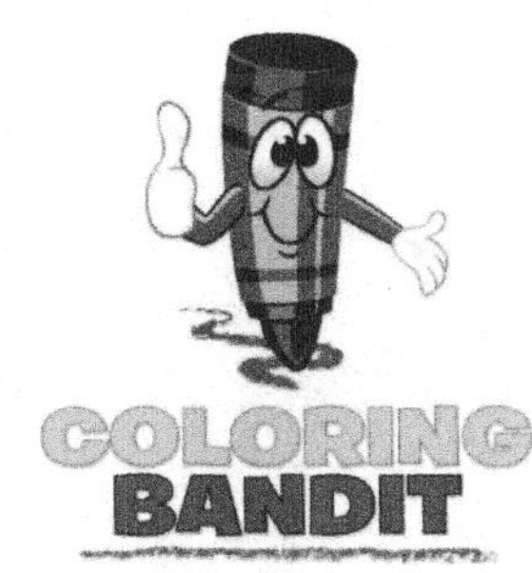

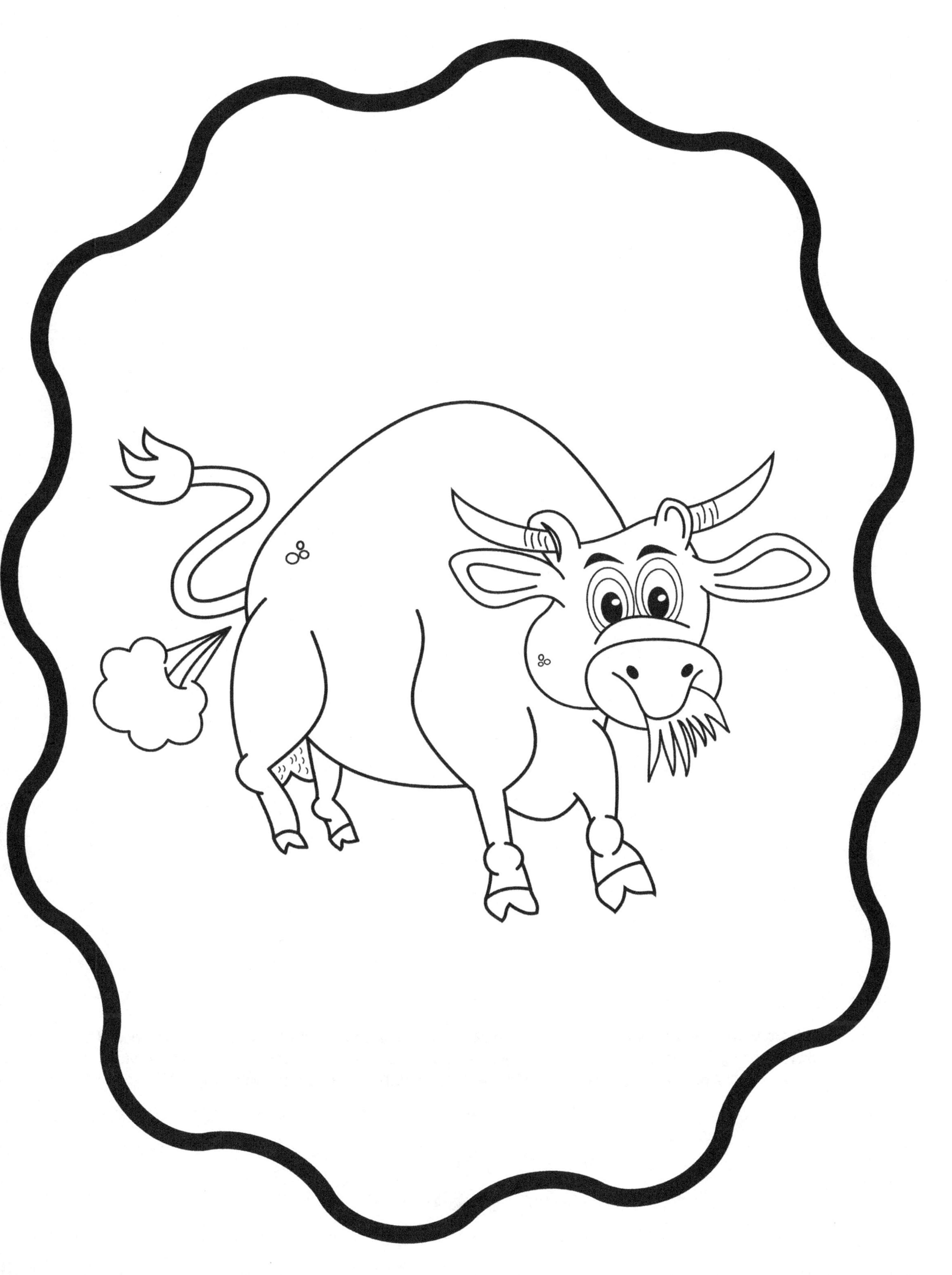

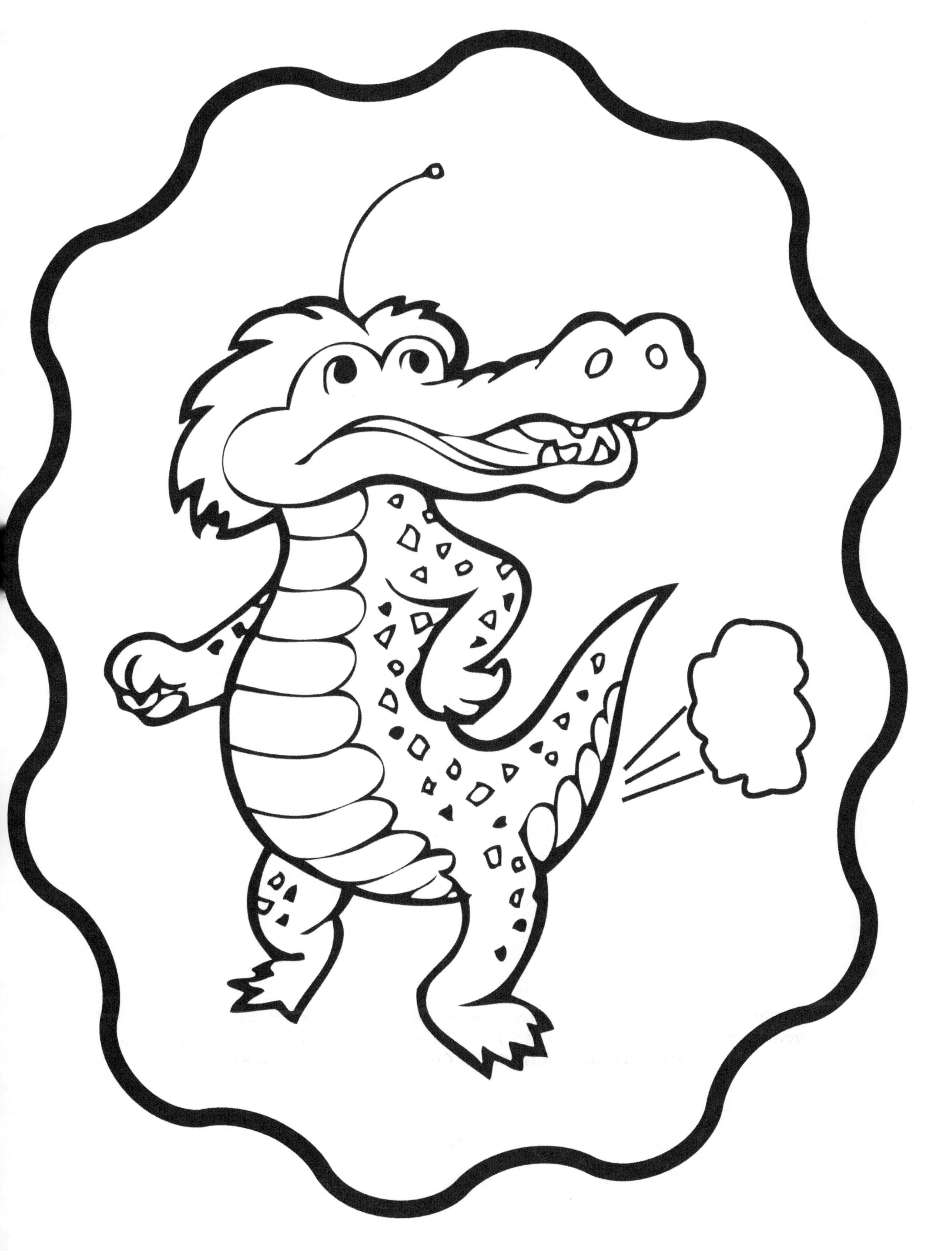

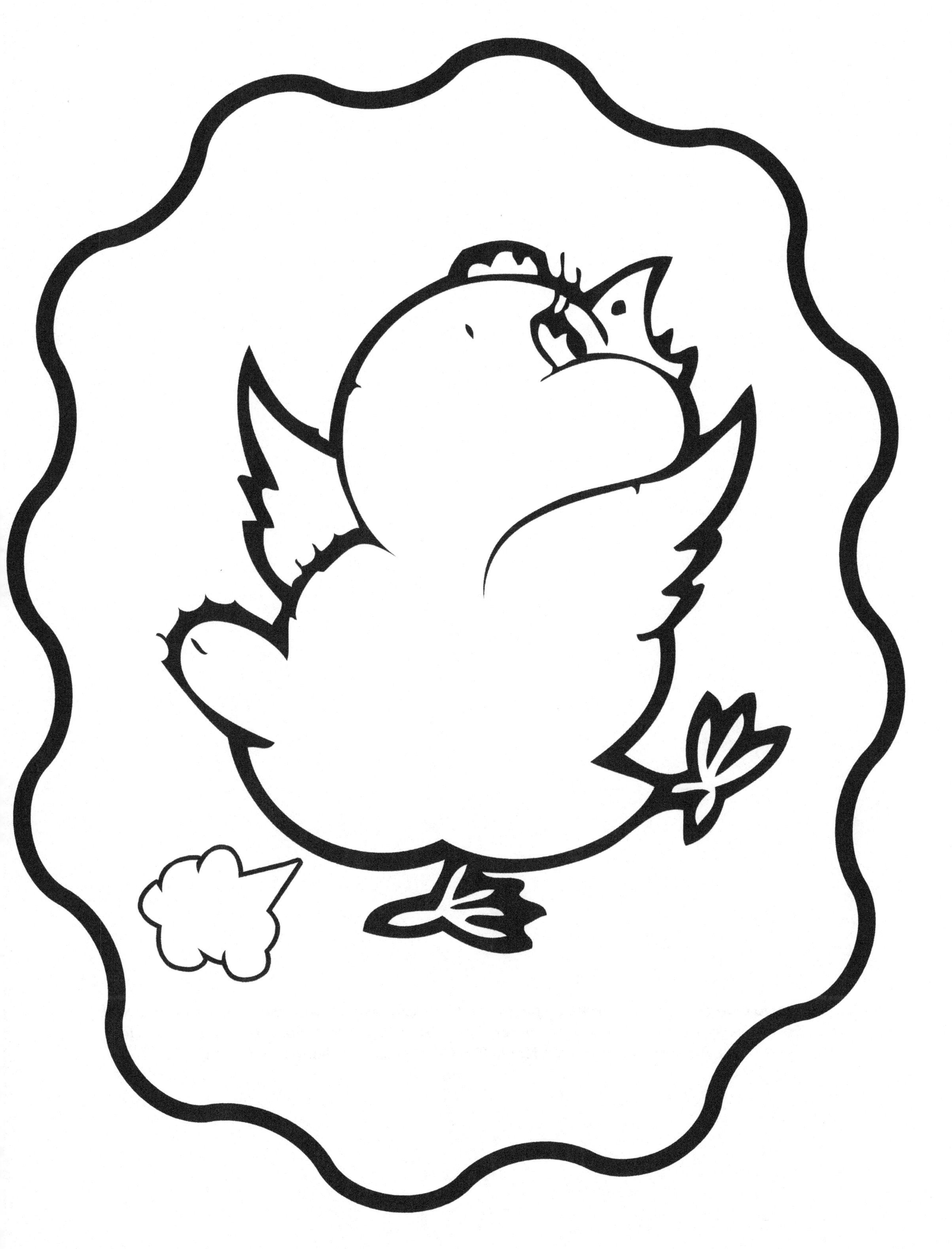

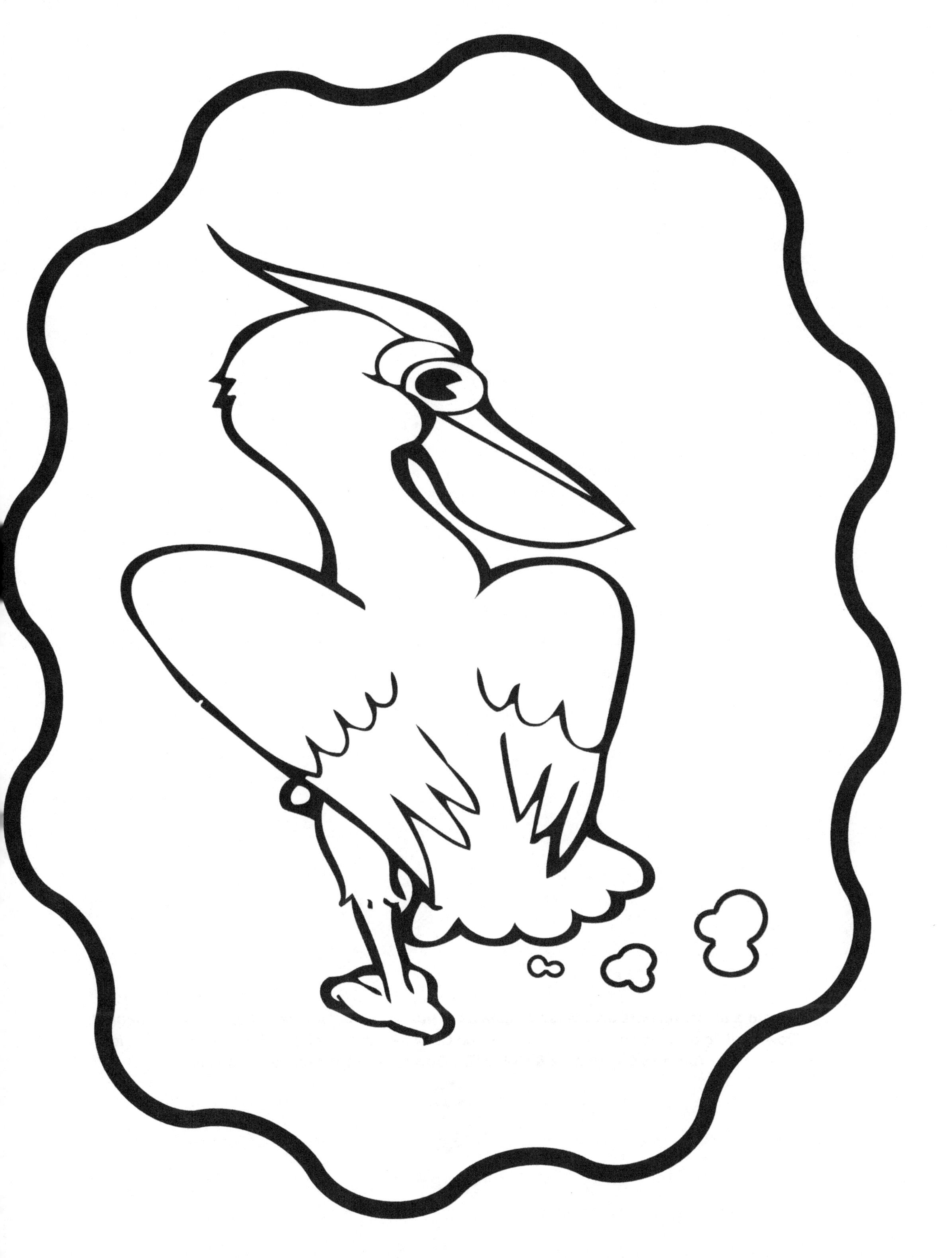

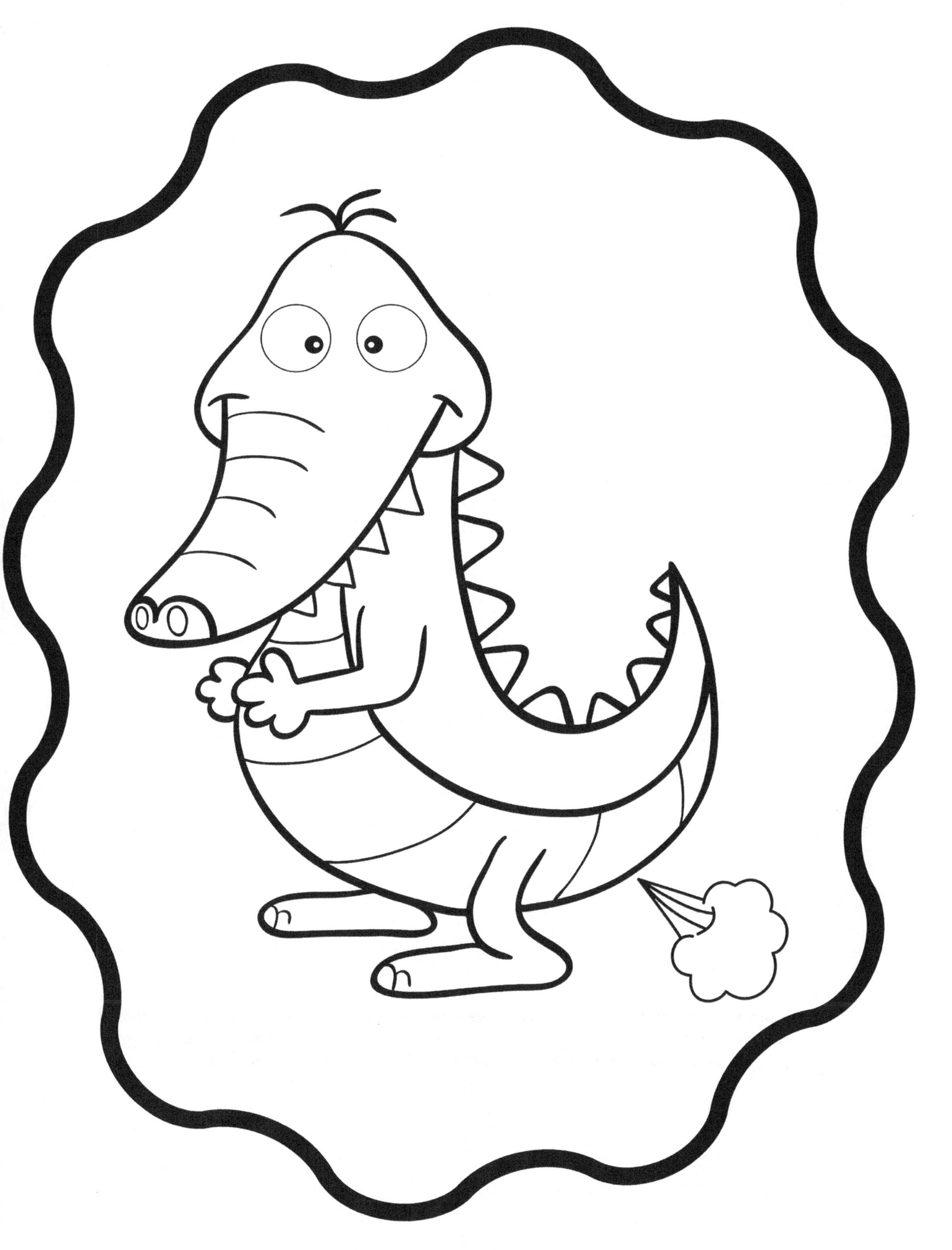

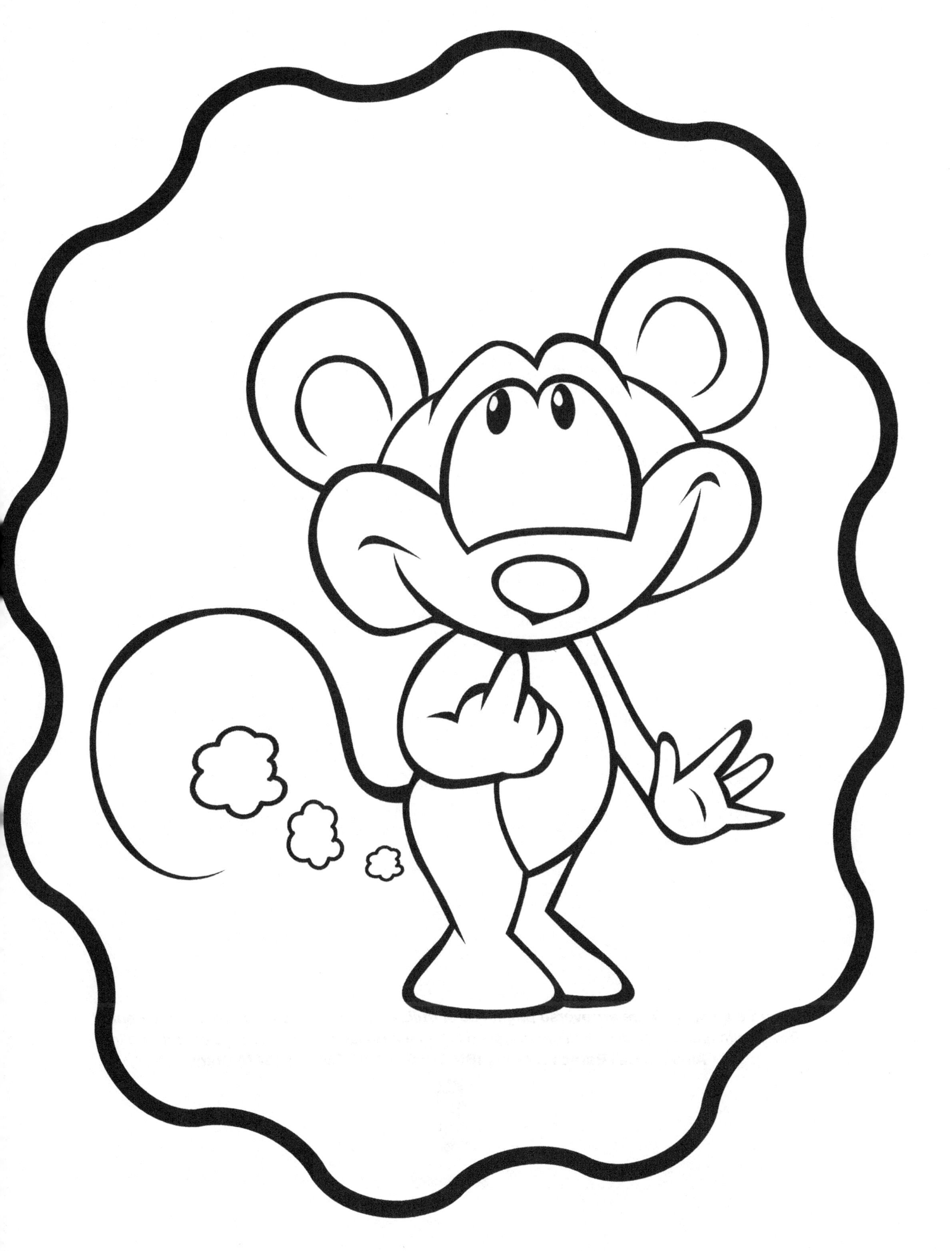

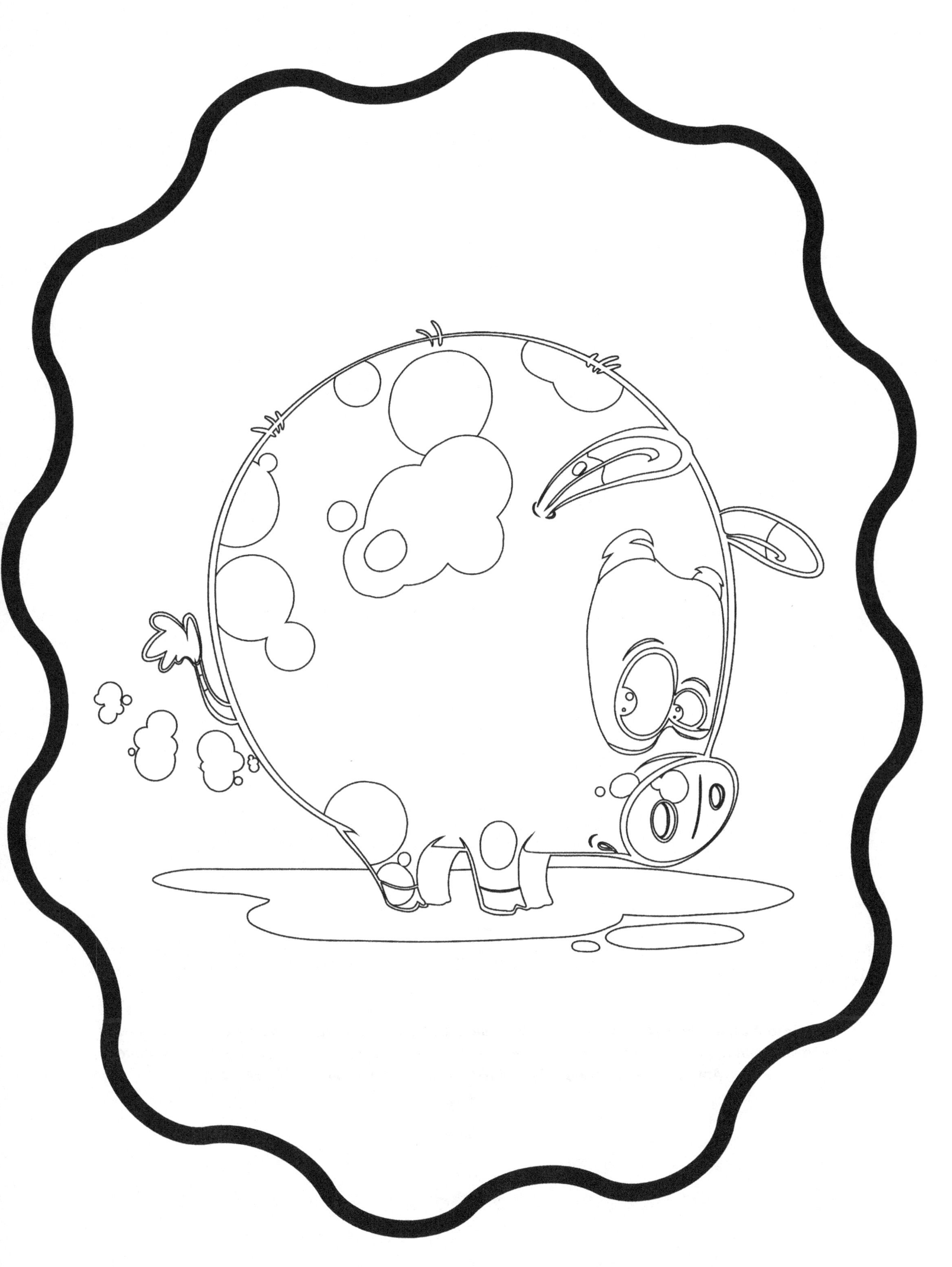

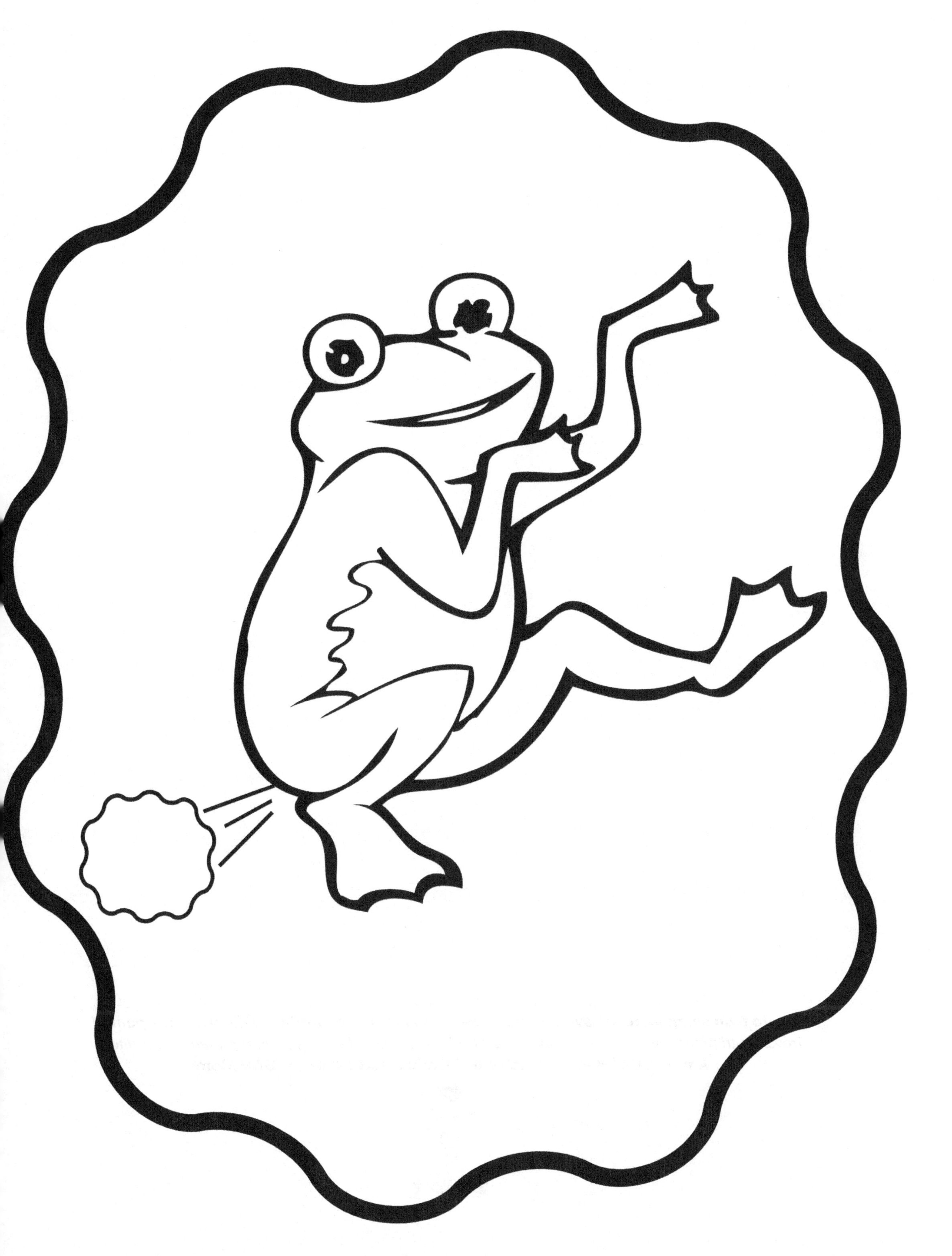

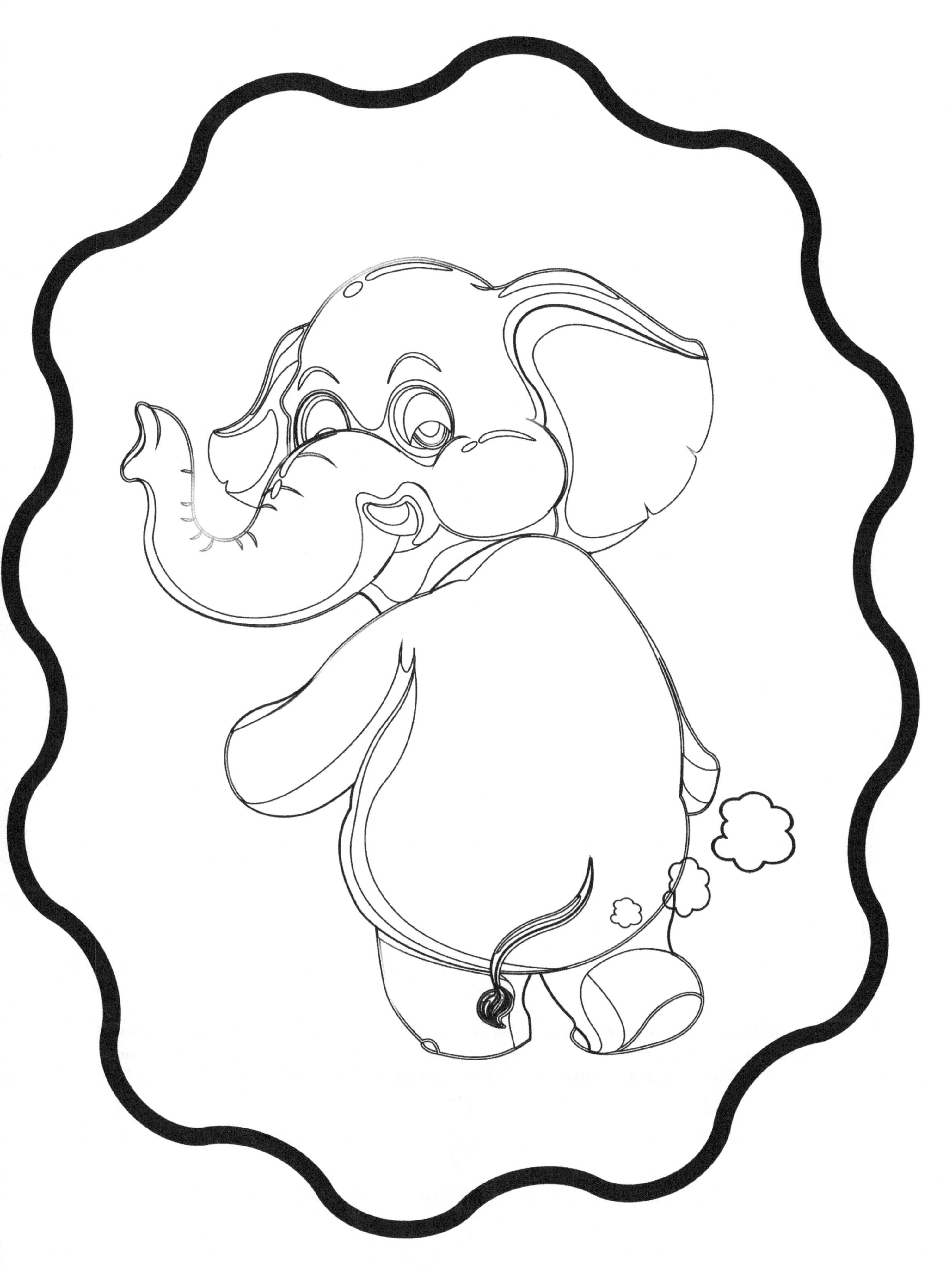

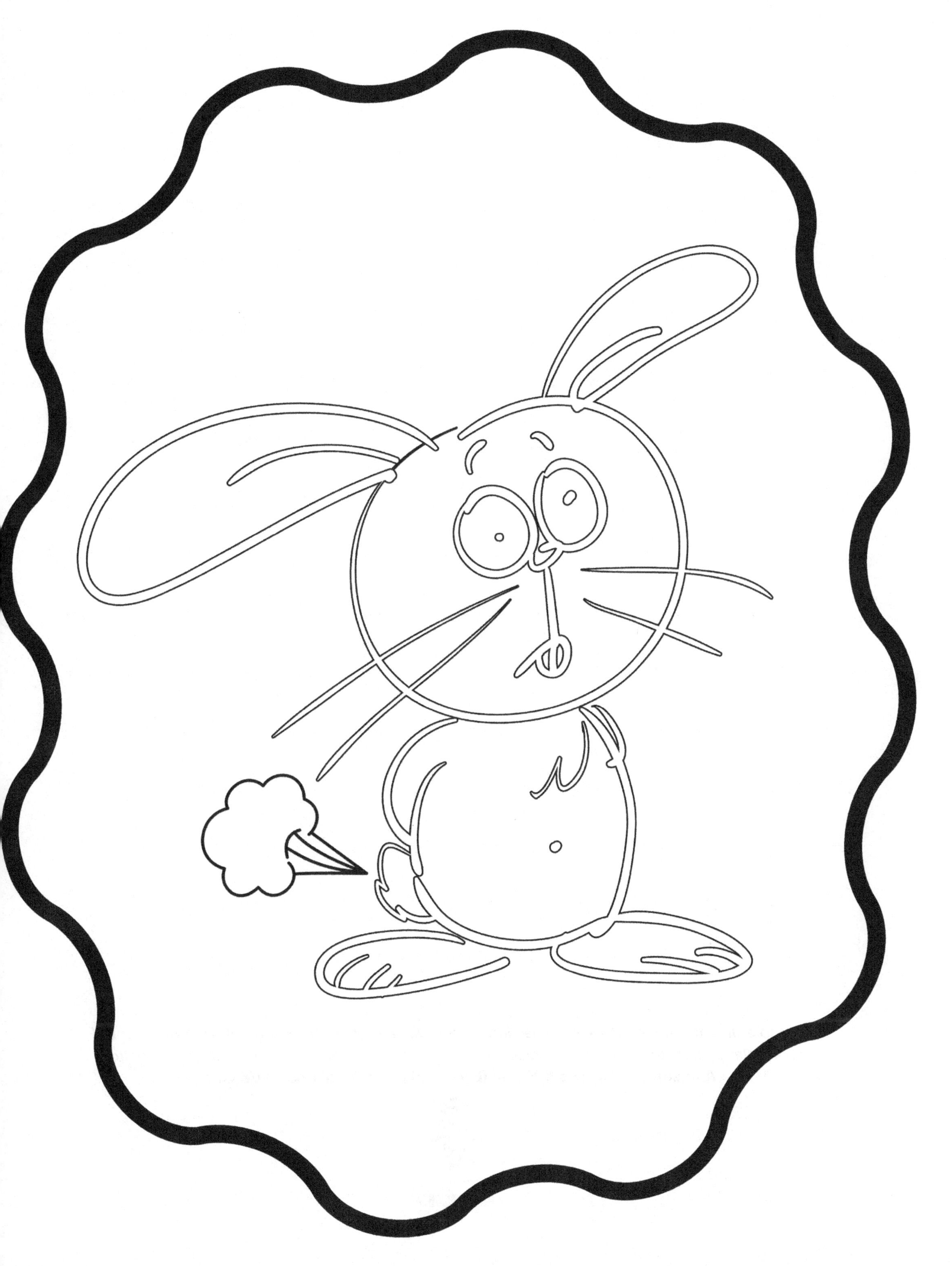

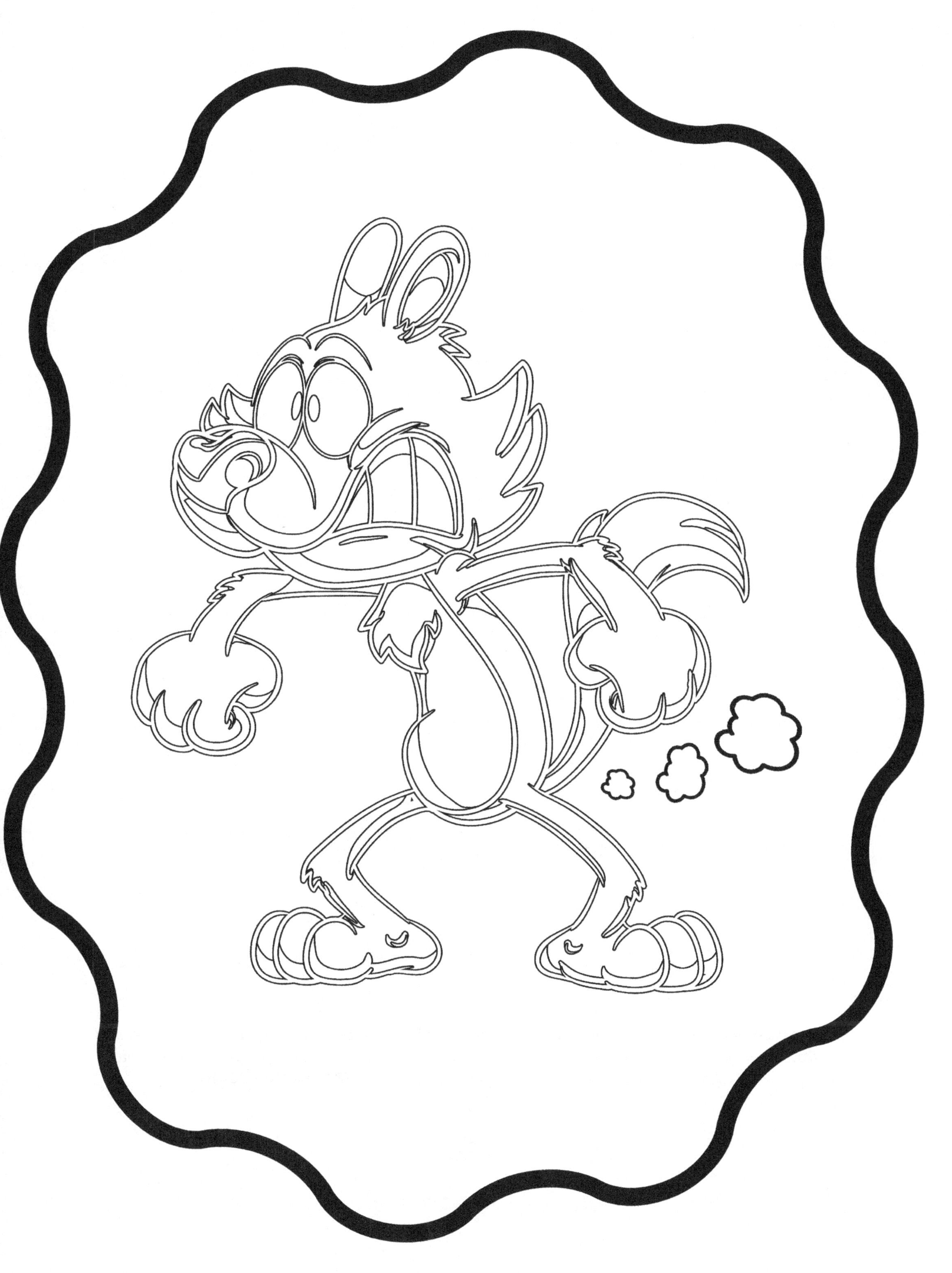

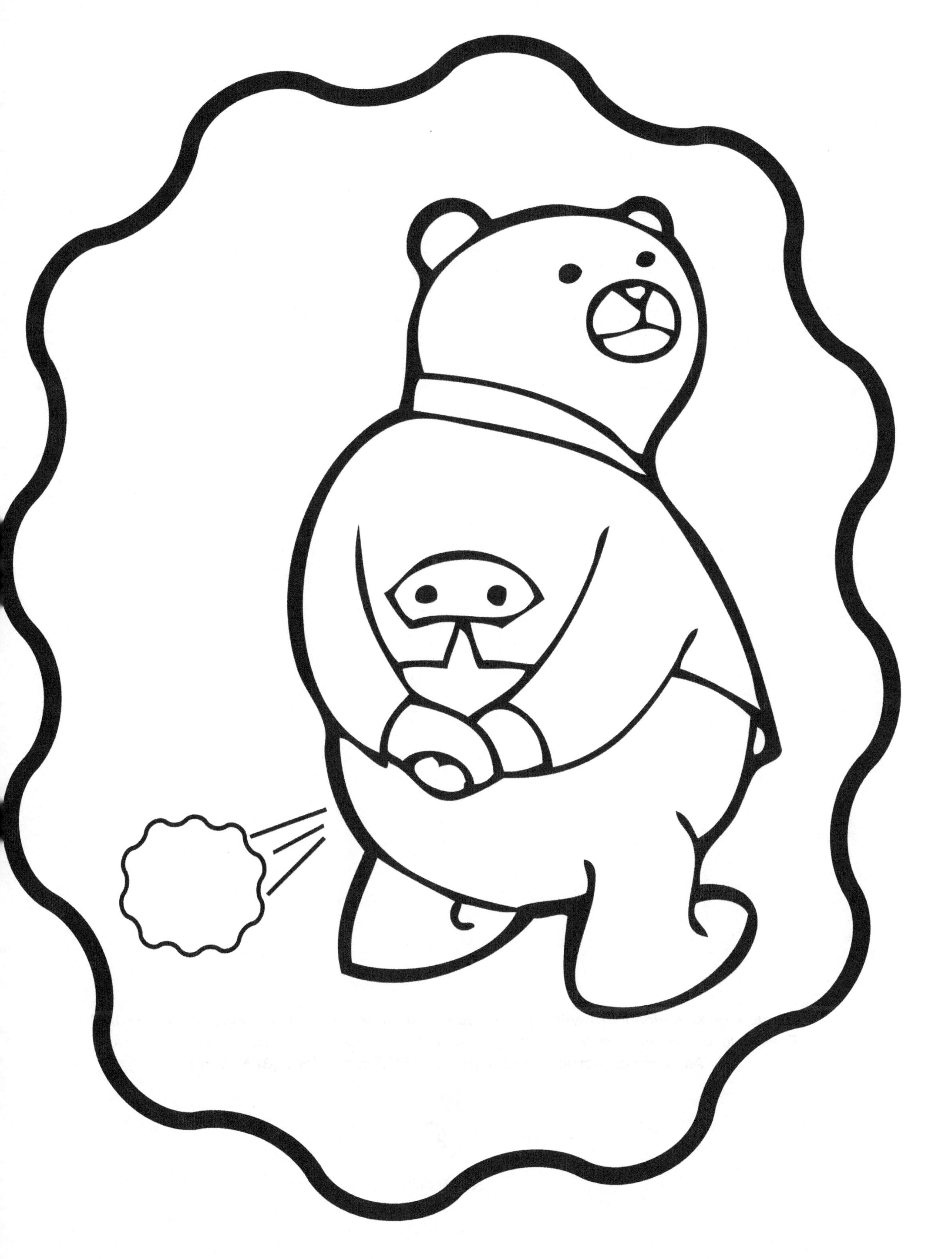

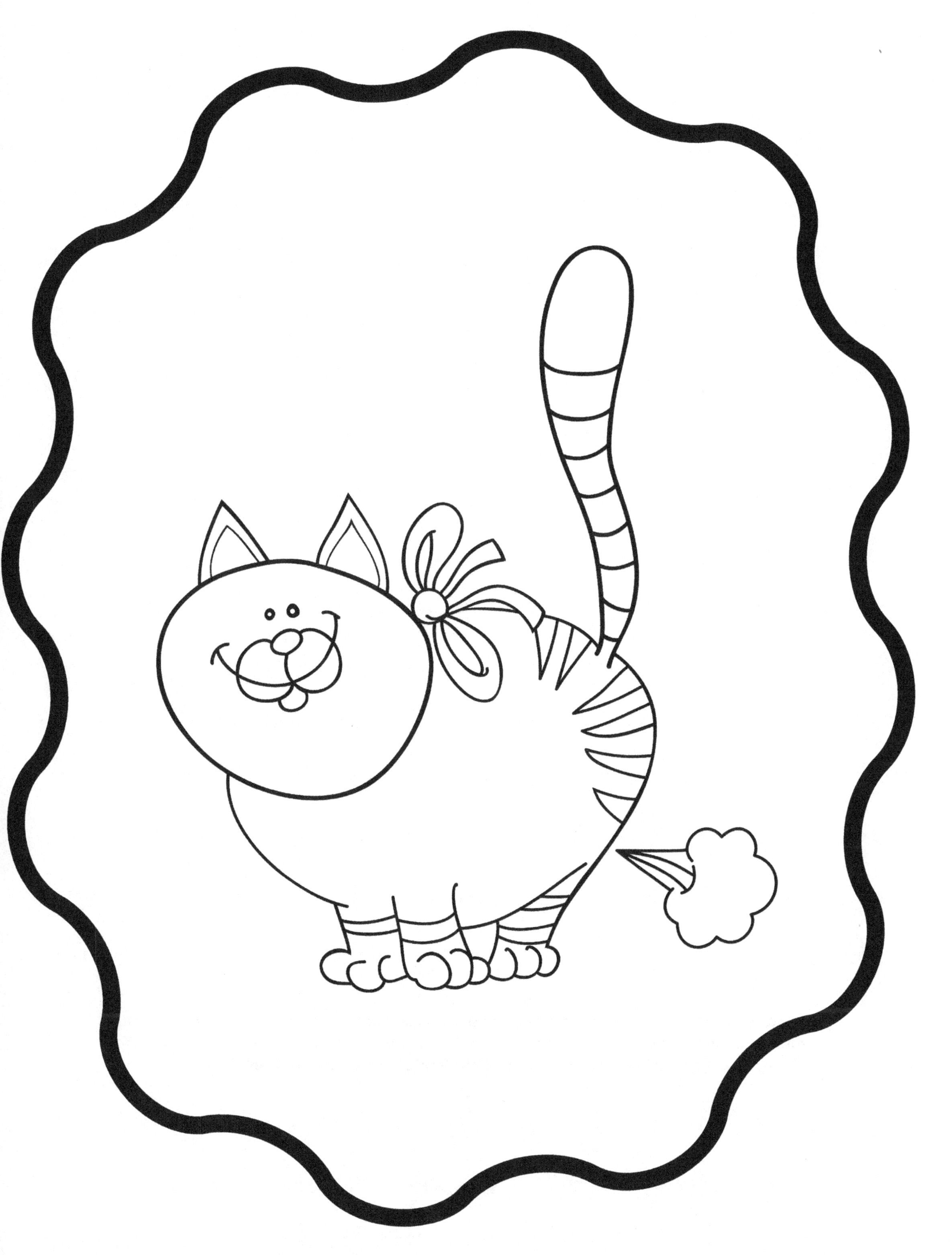

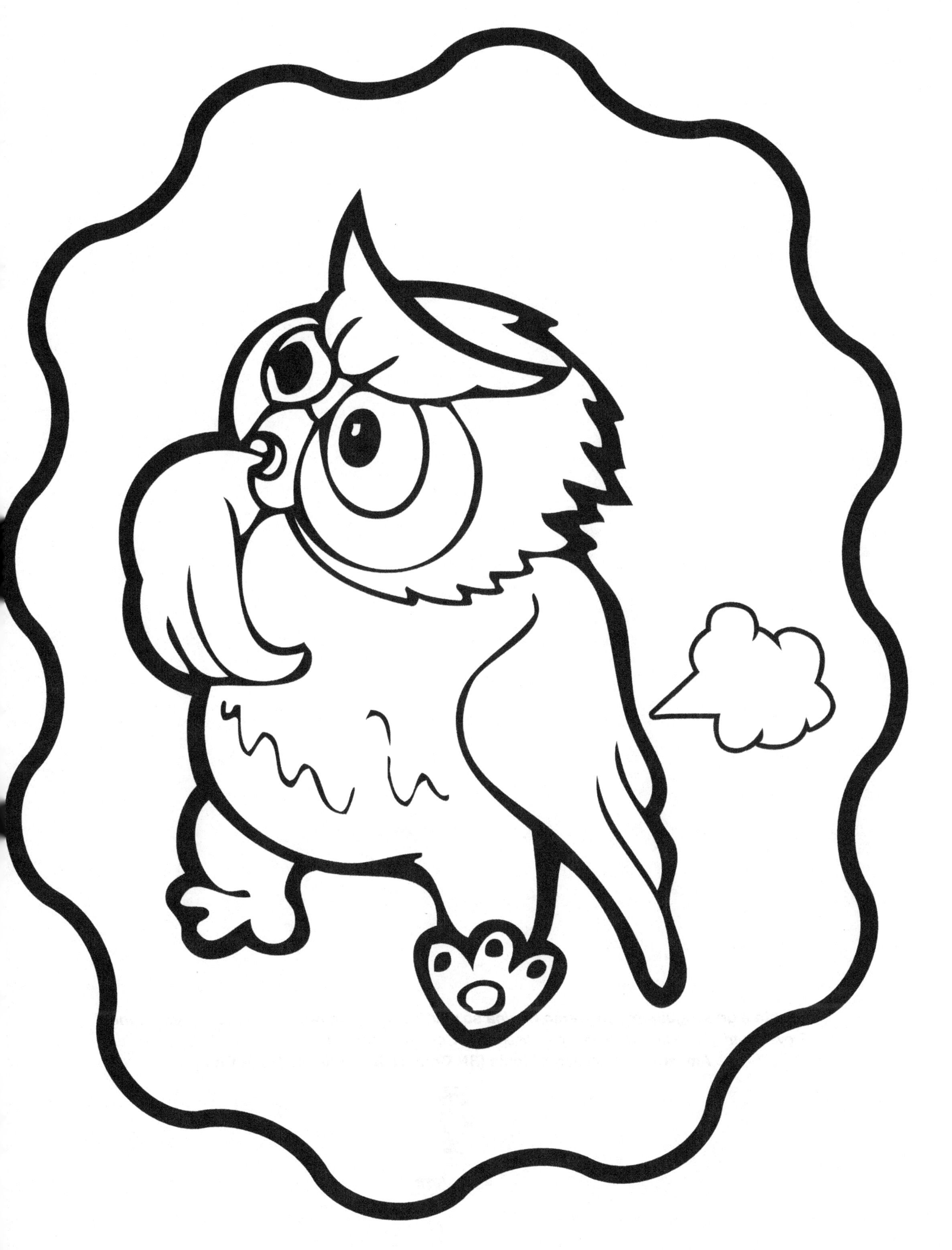

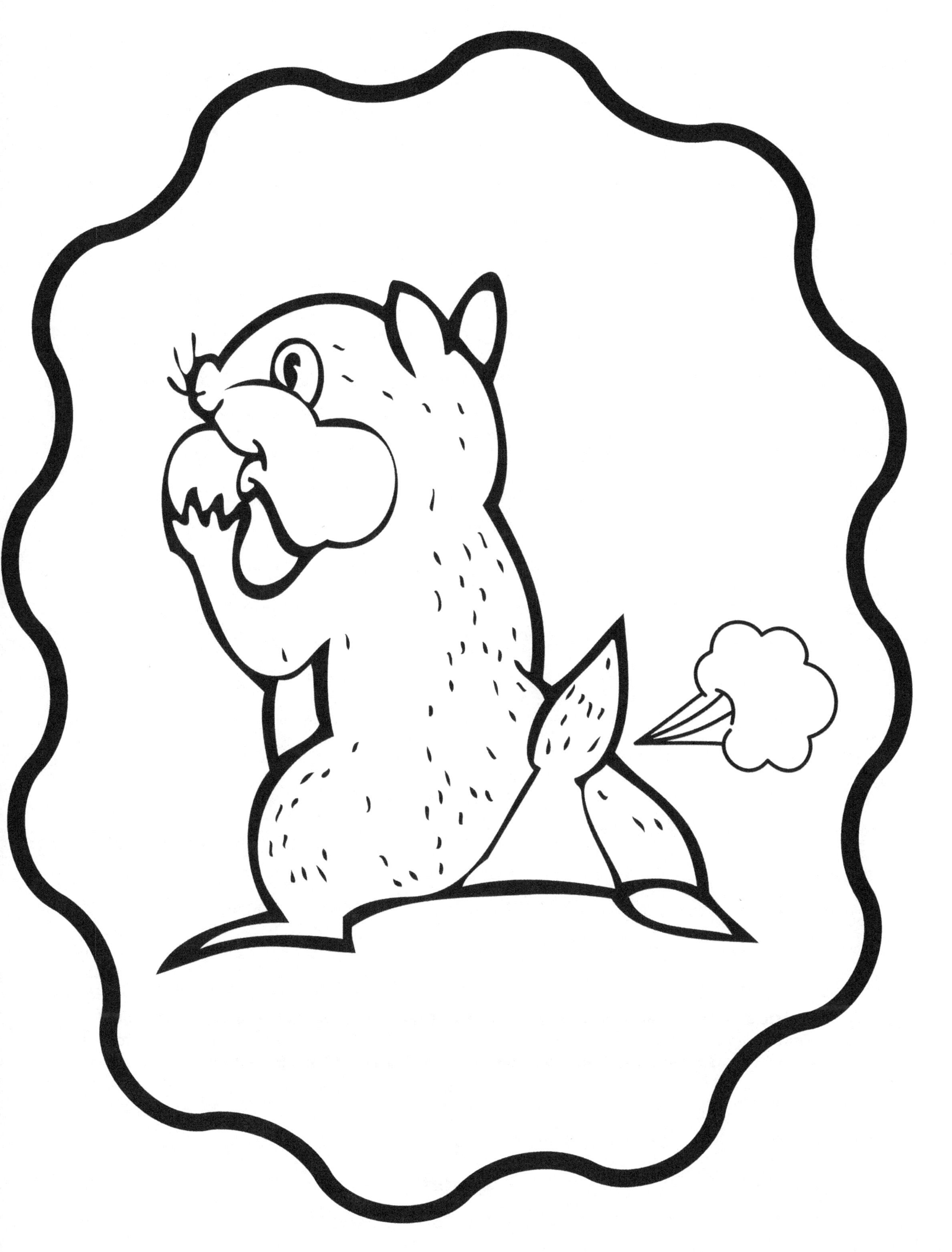

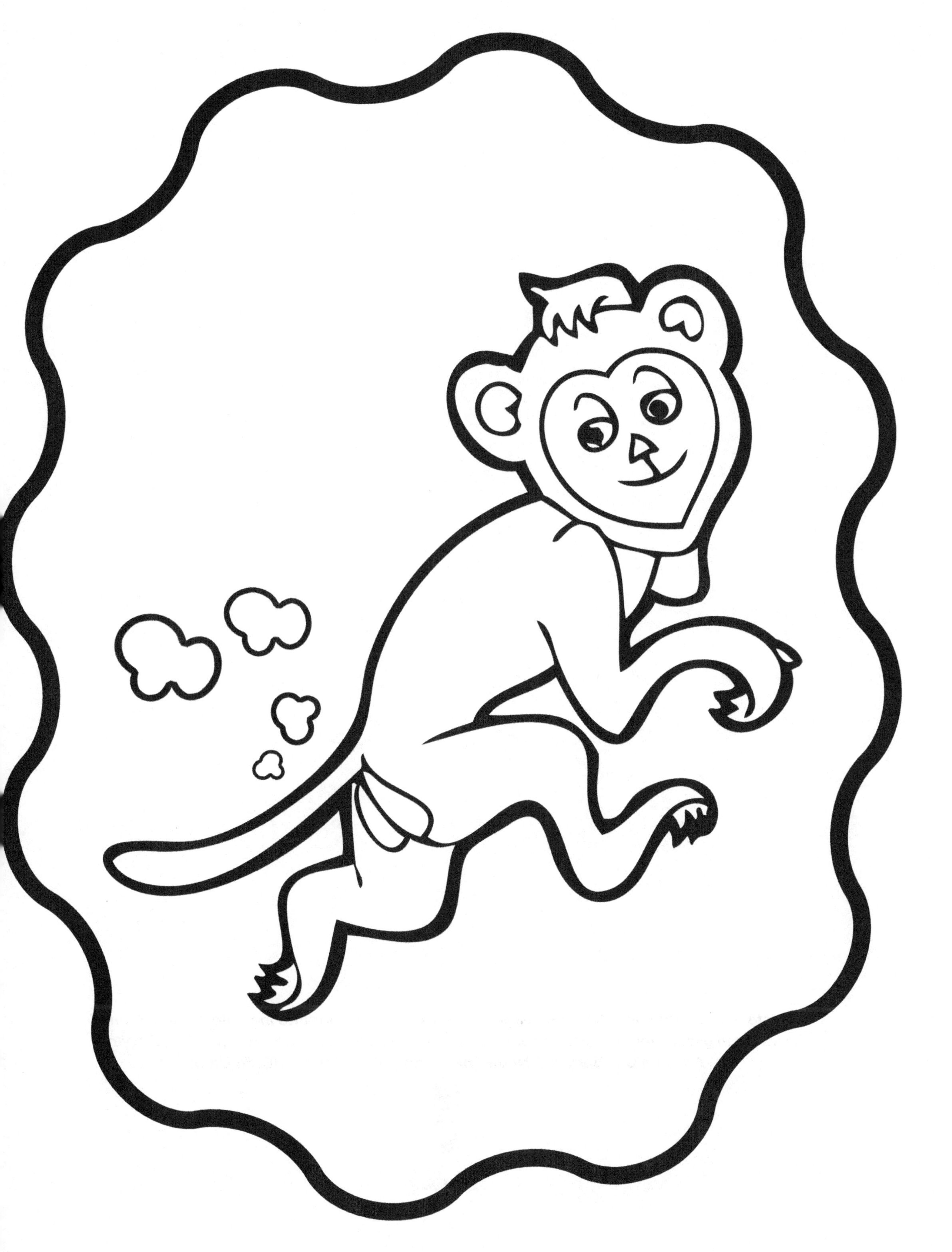

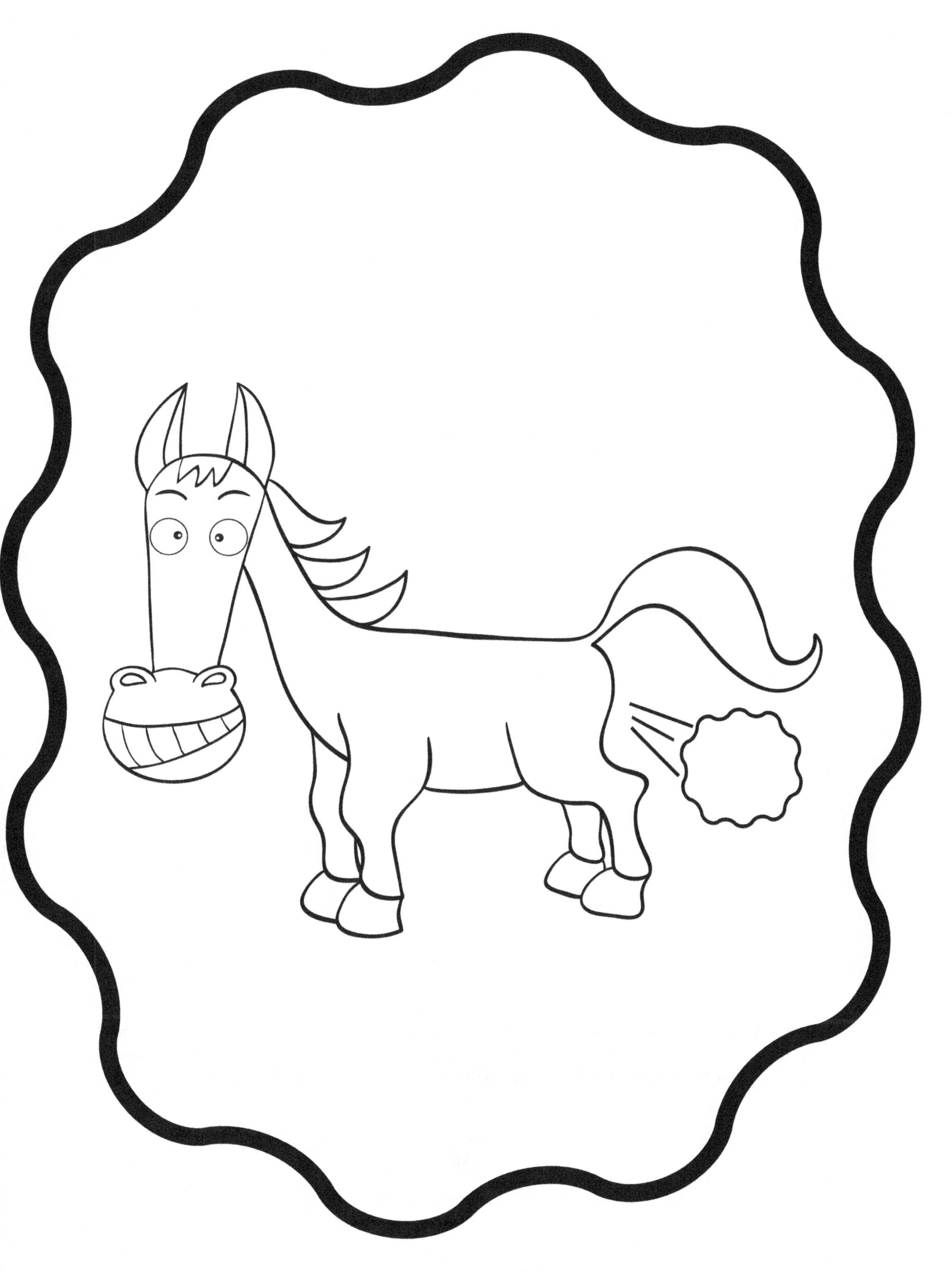

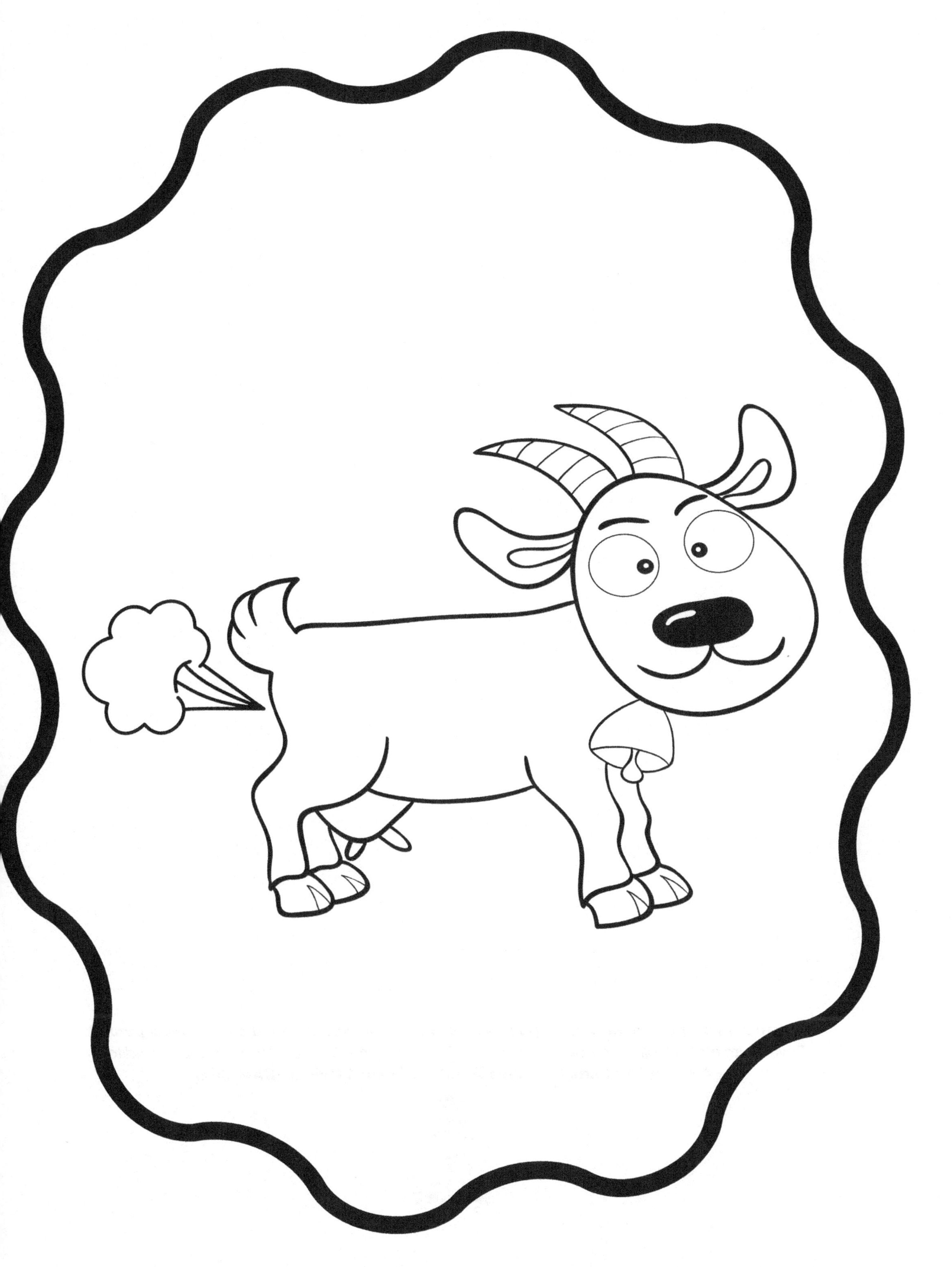

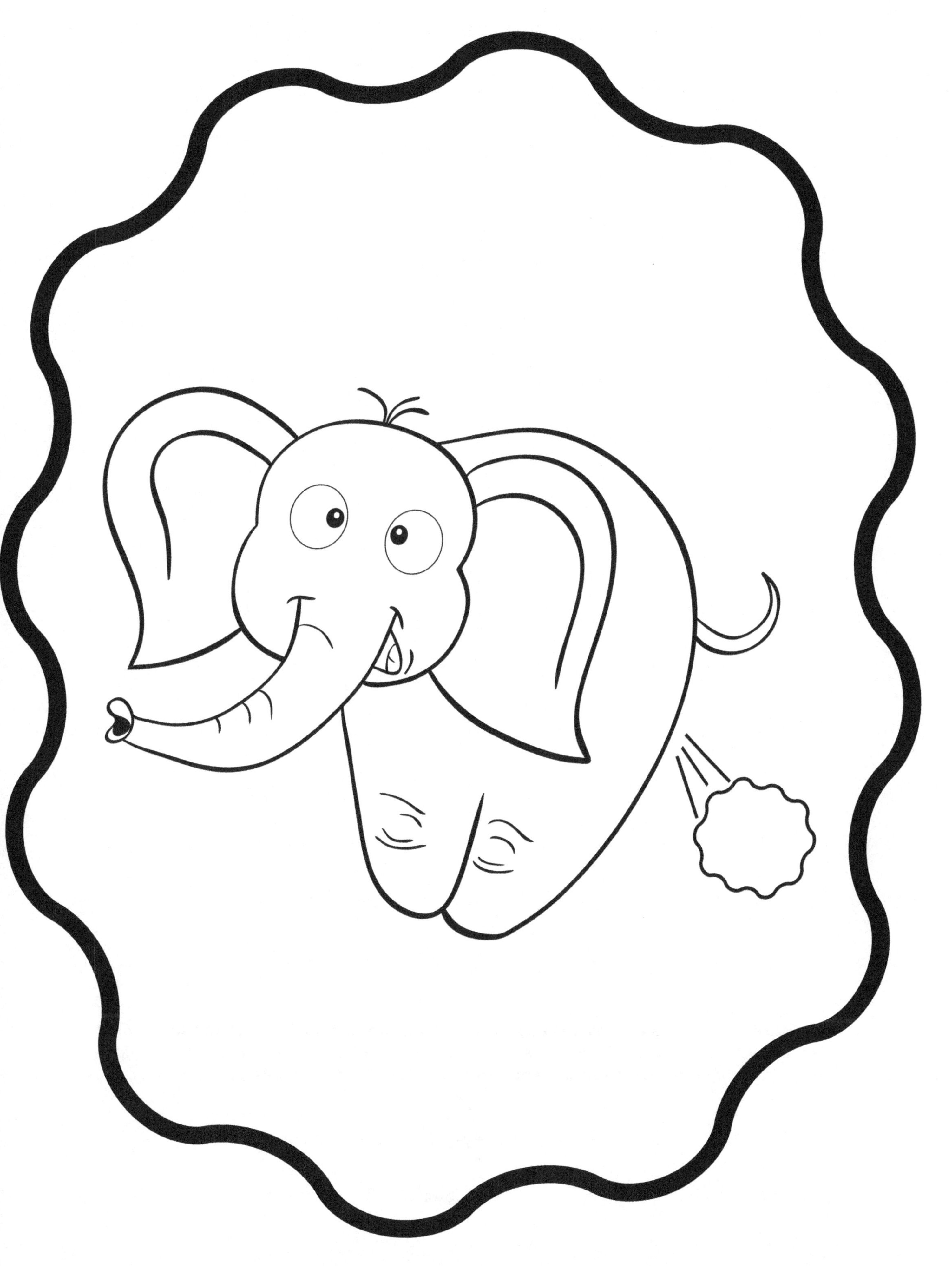

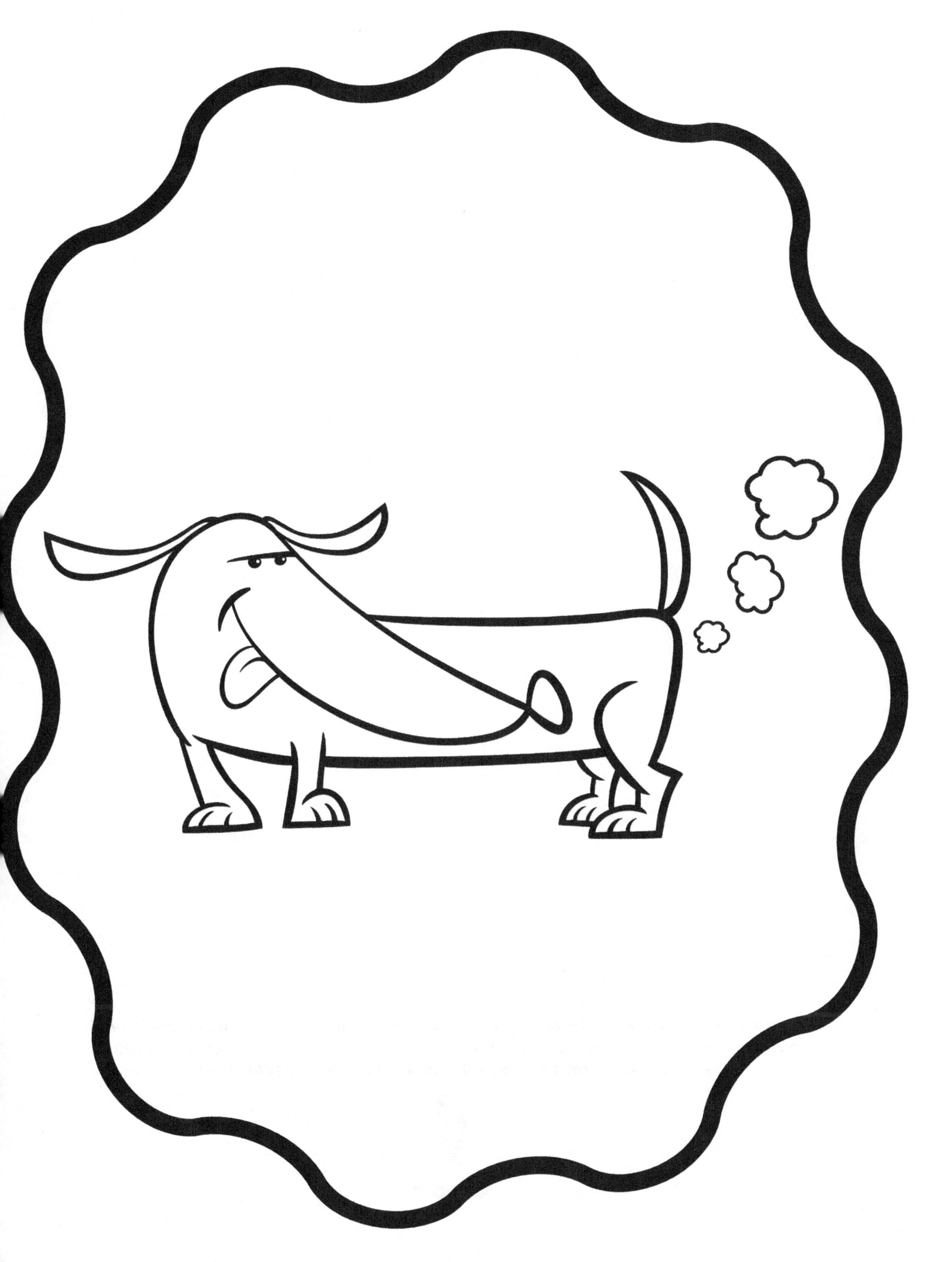

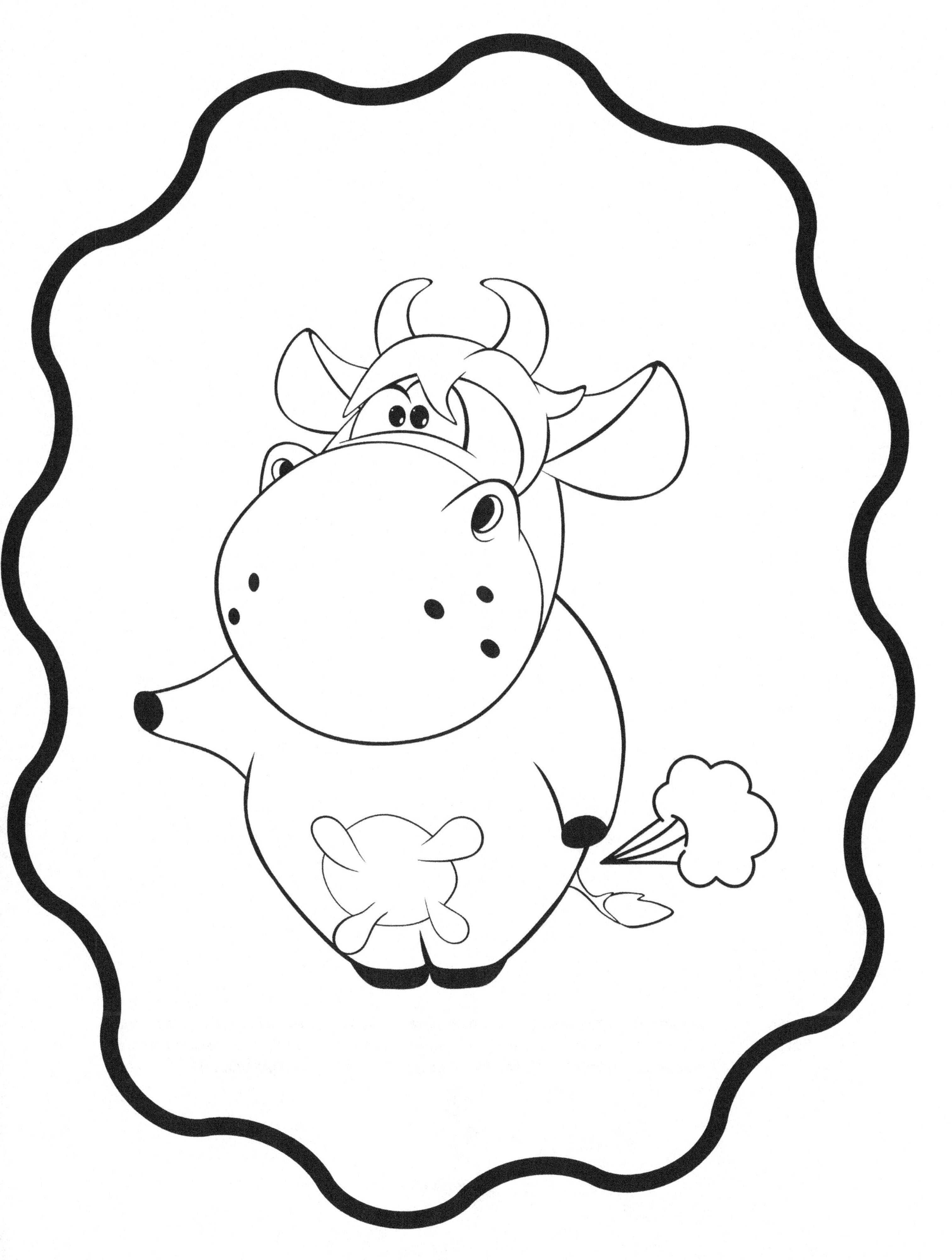

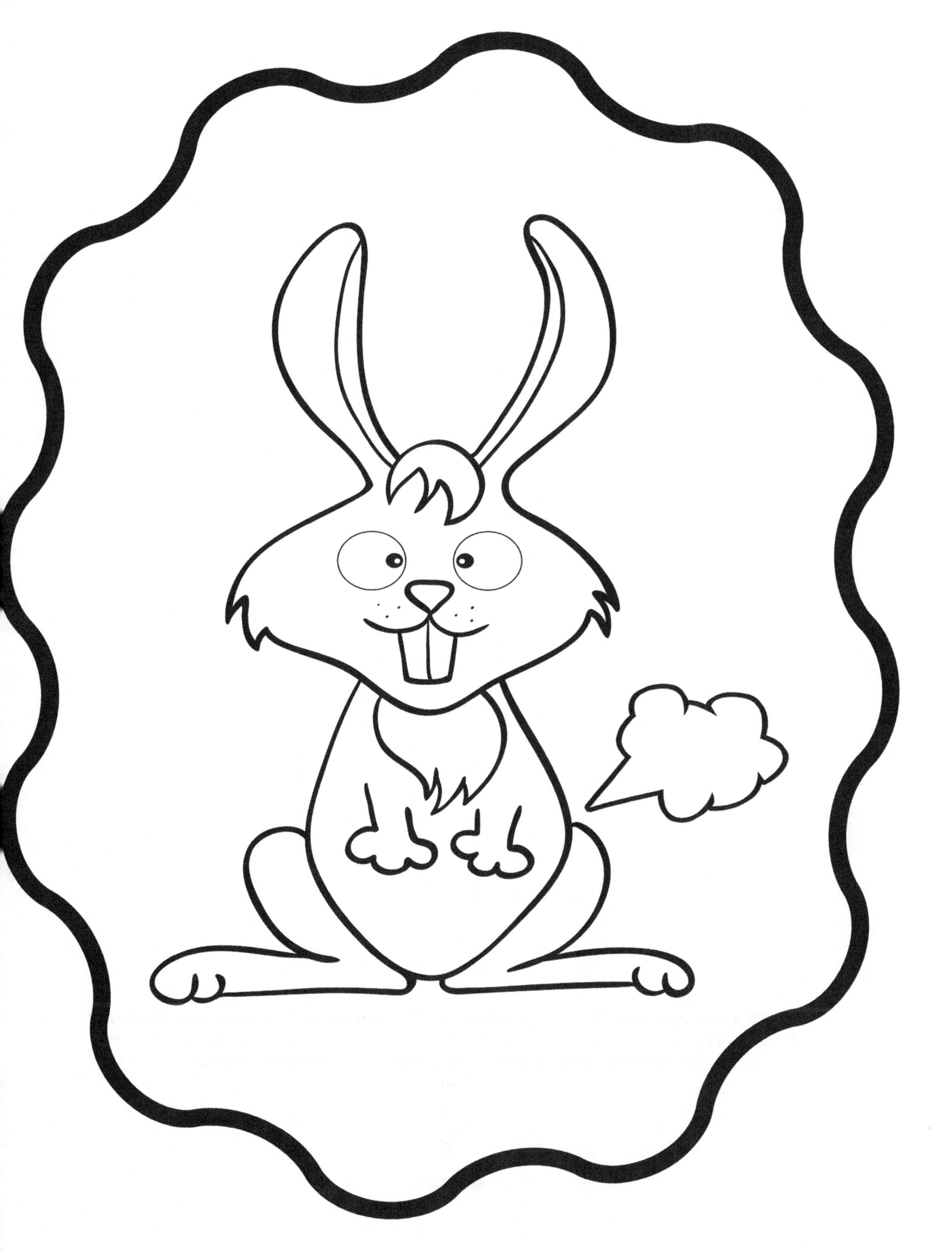

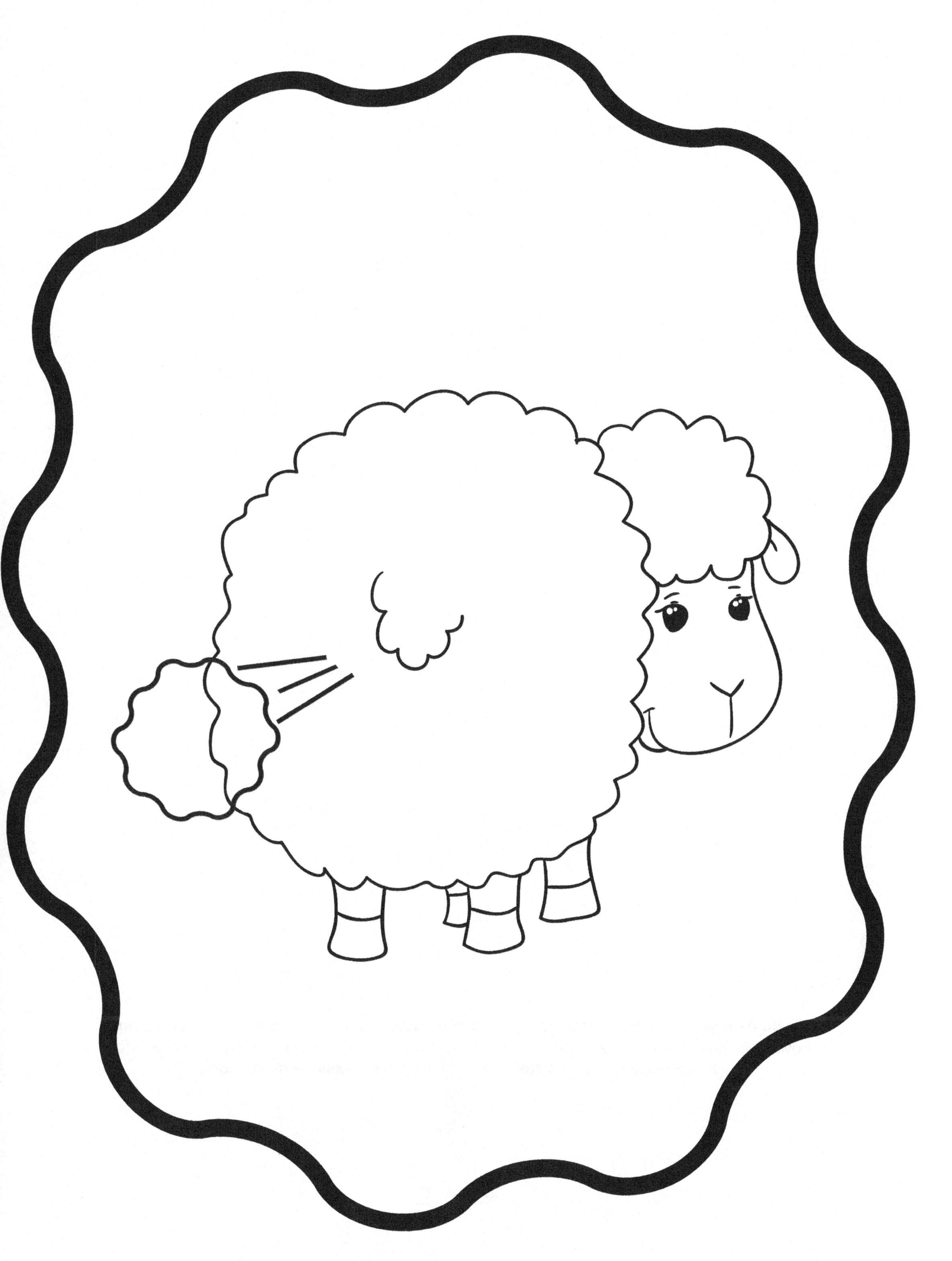

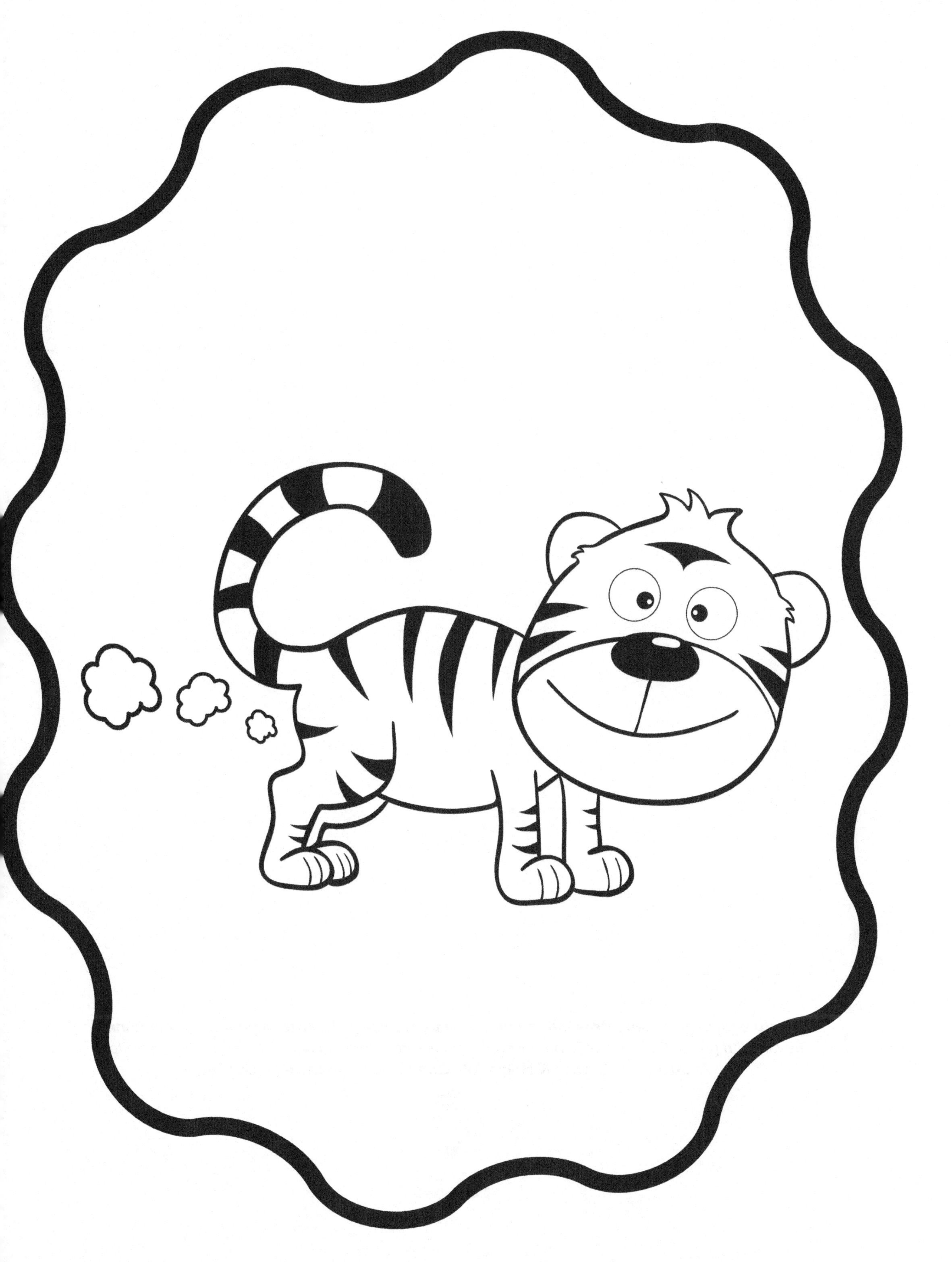

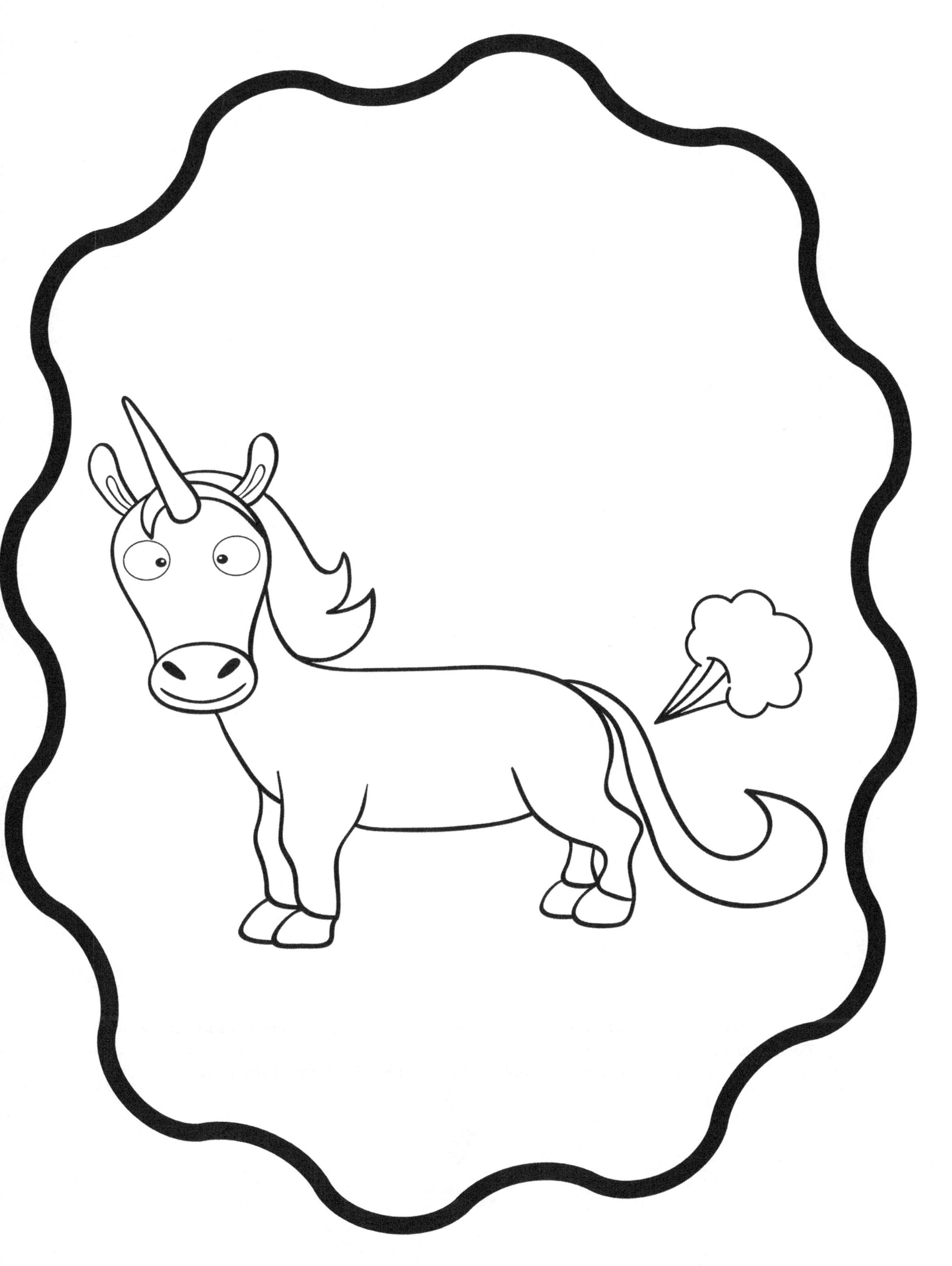

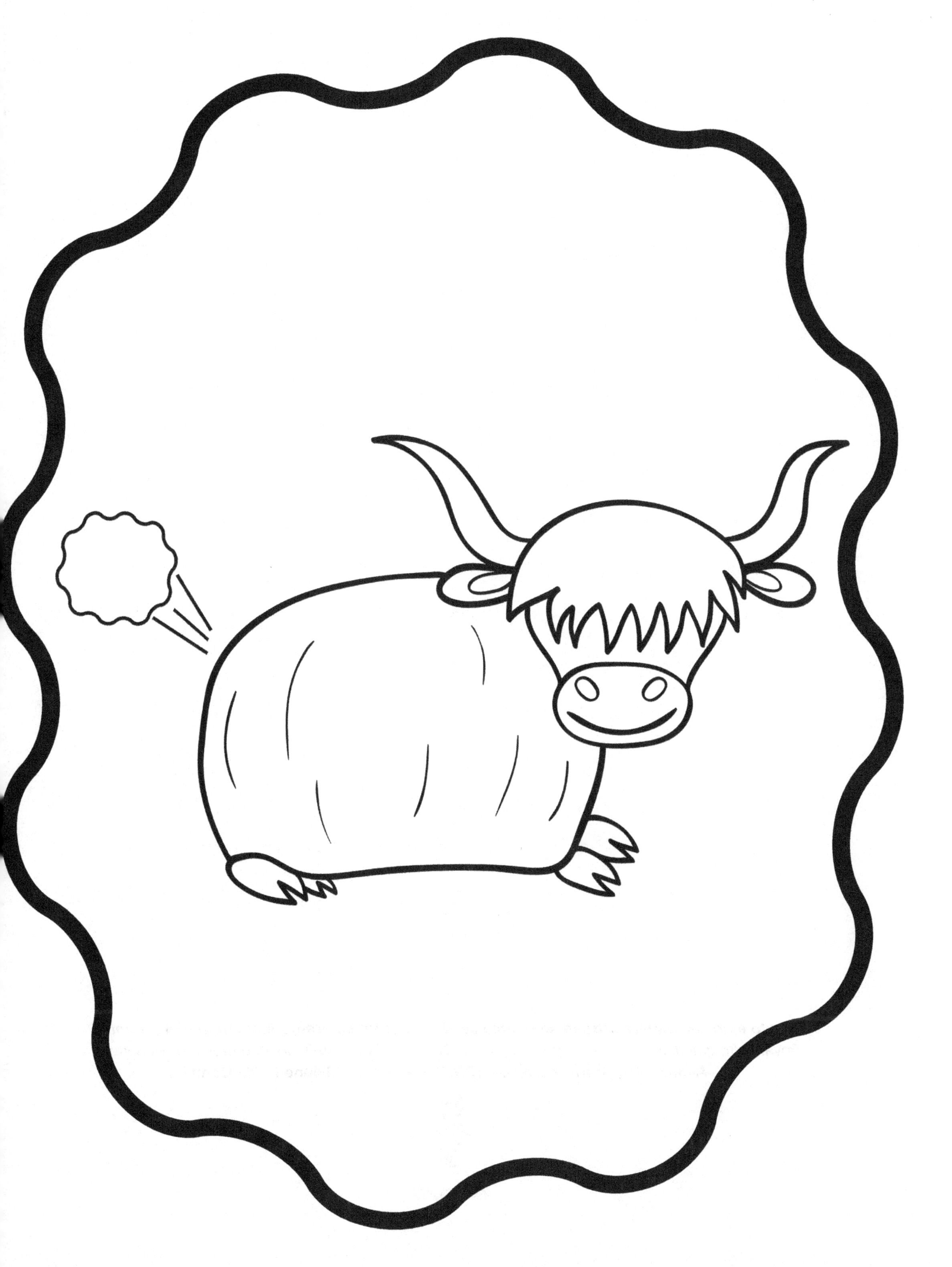

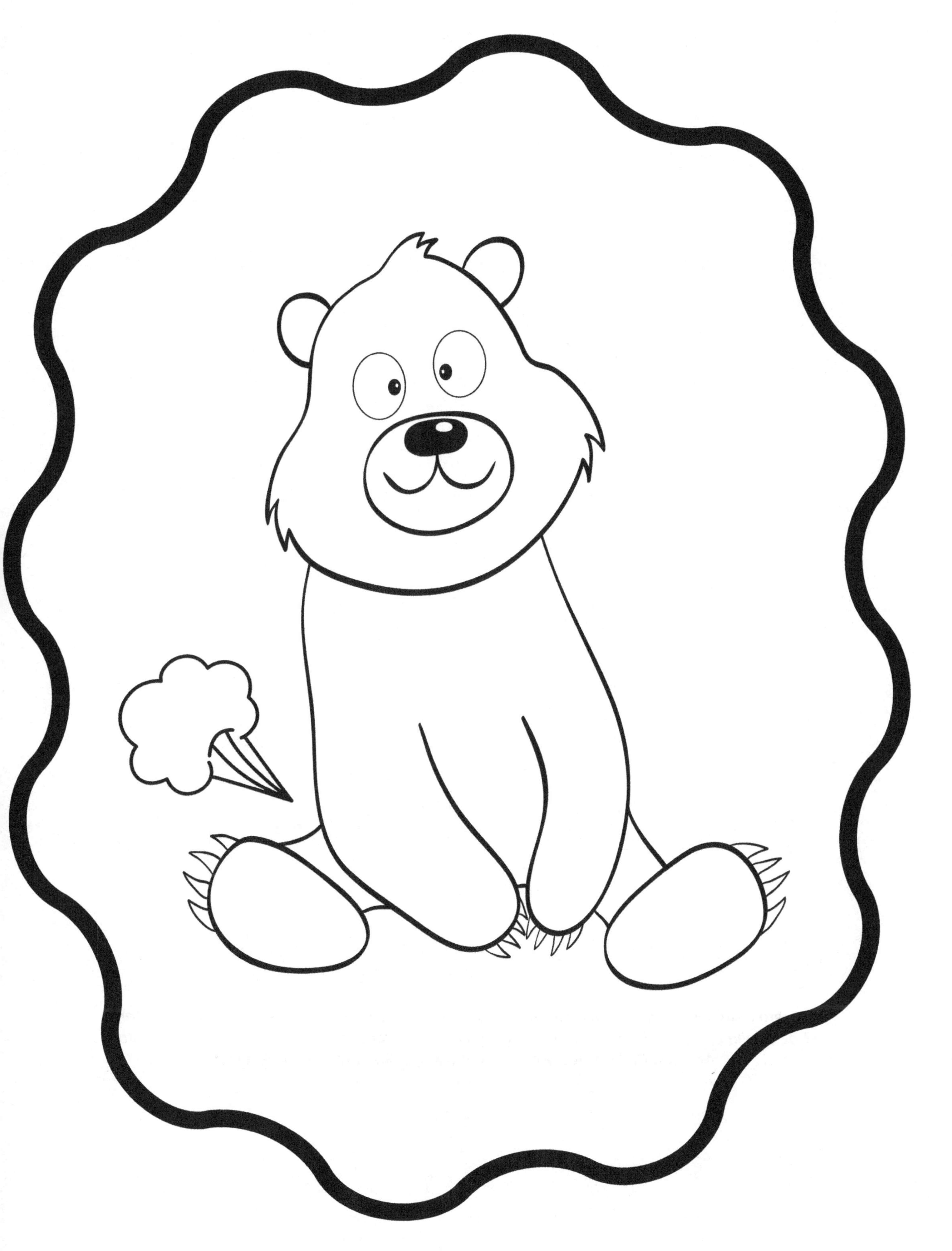

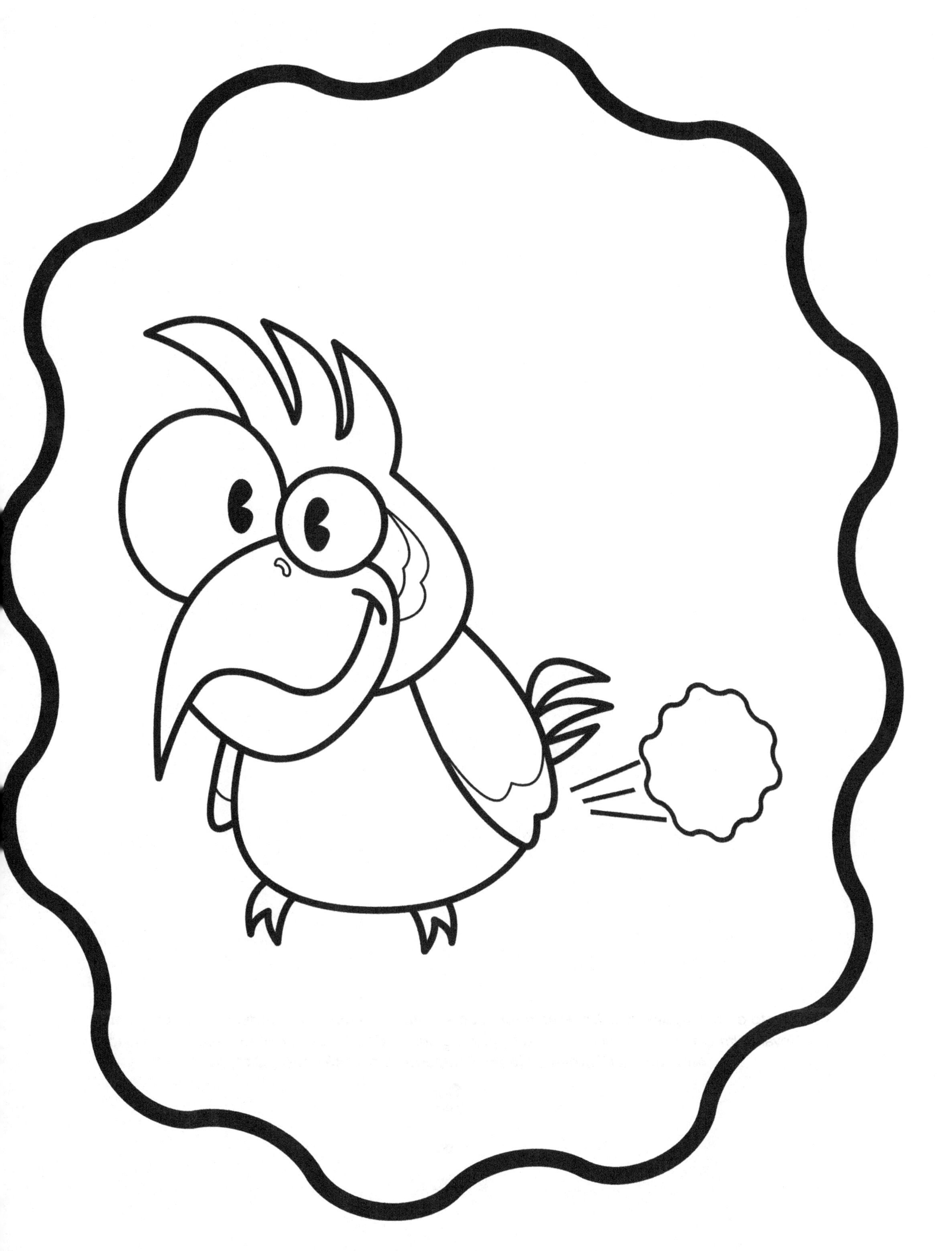

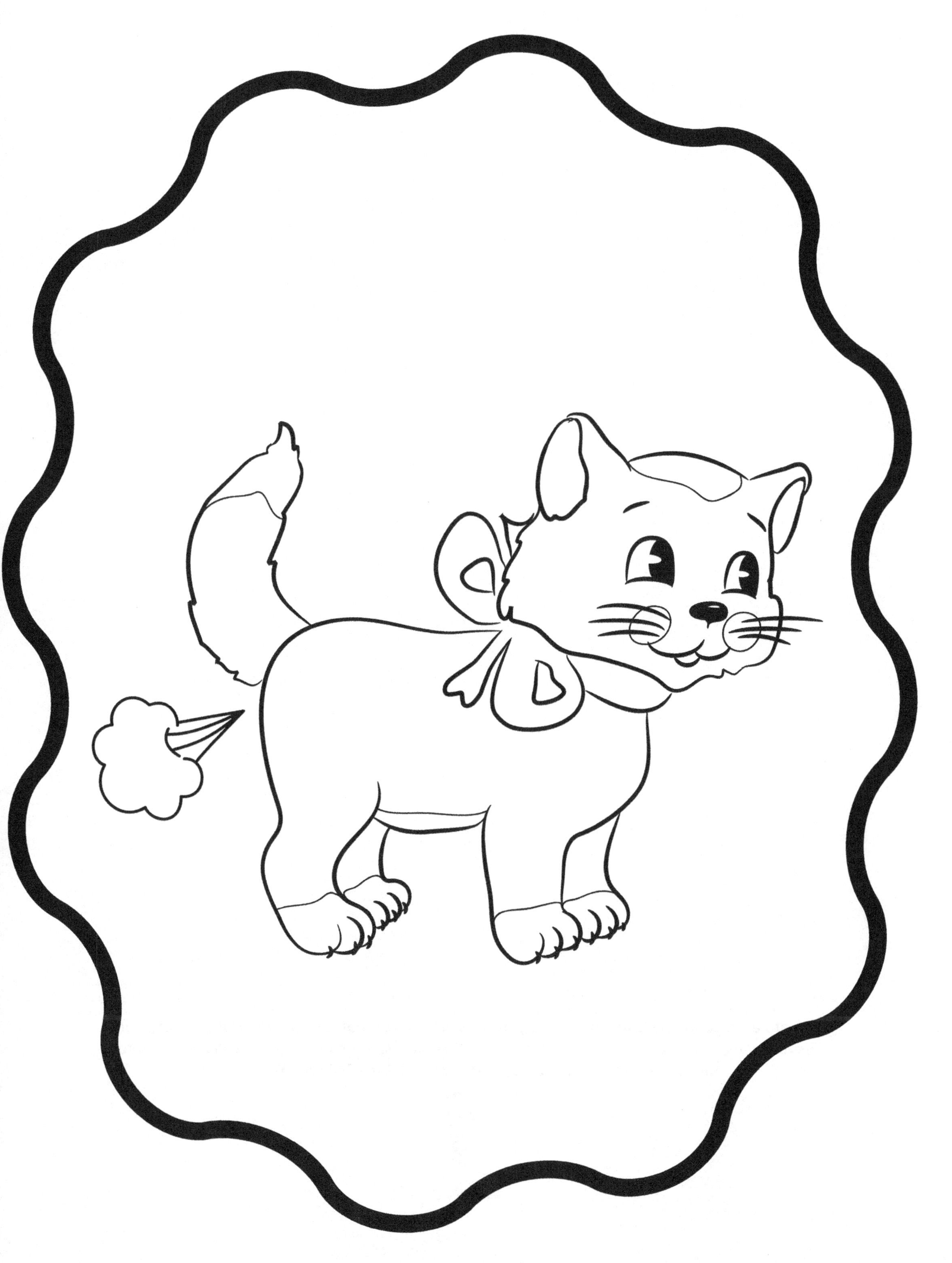

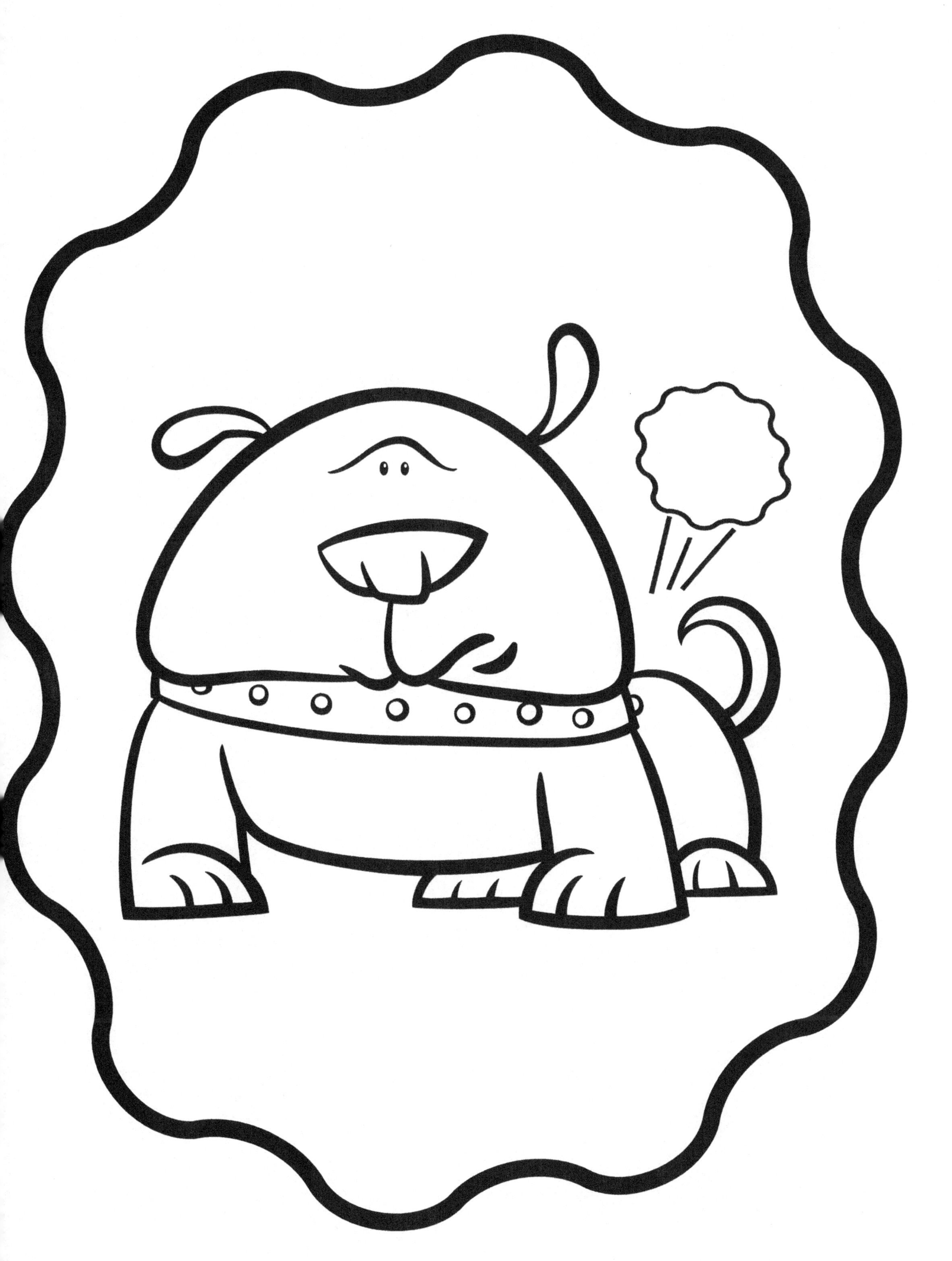

Made in the USA
Monee, IL
07 July 2026

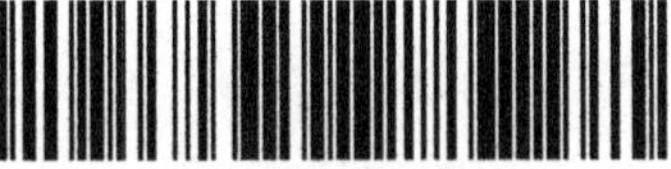

56547071R00037